Die Autorin

Barbara Bessen lebt auf dem Lande im hohen Norden in der Nähe von Eckernförde und in Hamburg. Sie ist Mutter eines Sohnes und von Beruf Journalistin. Seit 2002 übermittelt sie die Botschaften der Erzengelwesenheit KRYON. Mit ihren Channelings vermittelt Barbara Bessen zahlreichen Menschen in ganz Europa die entscheidenden Impulse und Hilfen auf dem Weg des persönlichen Wachstums.

BARBARA BESSEN

KRYON

Neue Botschaften
des Lichts

WILHELM HEYNE VERLAG
MÜNCHEN

Verlagsgruppe Random House FSC-DEU-0100
Das für dieses Buch verwendete
FSC-zertifizierte Papier *Holmen Book Cream*
liefert Holmen Paper, Hallstavik, Schweden.

FSC
Mix
Produktgruppe aus vorbildlich
bewirtschafteten Wäldern und
anderen kontrollierten Herkünften
Zert.-Nr. SGS-COC-1940
www.fsc.org
© 1996 Forest Stewardship Council

Taschenbucherstausgabe 03/2010

Copyright © 2004 by Smaragd Verlag, 57614 Woldert (Ww.)
Printed in Germany 2009
Umschlaggestaltung: HildenDesign, München
Herstellung: Helga Schörnig
Gesetzt aus der 11,2/13,8 Minion
bei C. Schaber Datentechnik, Wels
Druck und Bindung: GGP Media GmbH, Pößneck

ISBN 978-3-453-70139-7

http://www.heyne.de

Inhaltsverzeichnis

Danksagung

Oft habe ich mich gefragt, warum in den Büchern die Autoren vielen Menschen für ihre Hilfe danken. Jetzt weiß ich es ...

Ich bedanke mich bei meinem menschlichen Engel Eva-Maria, die mir zur Seite steht, mir beim Abschreiben und Redigieren dieses Manuskriptes half und manche kleine unverständliche Passage glättete.

Ich bedanke mich bei Christa, die mir den allerersten kleinen Schubs gab, diese wundervolle Aufgabe des Channelns anzunehmen.

Ich danke Gerda für das Abschreiben der vielen Kassetten, auch die der Life-Channelings.

Ich danke meiner Freundin Sibylle für die Spaziergänge am Meer und die vielen leckeren, stärkenden bodenständigen Butterbrote.

Und ich bedanke mich bei meiner Gastkatze Jimmi für die liebevollen, kraftspendenden »Gespräche«.

Vorwort

Liebe Leserinnen und Leser,

es ist das Wort vor dem Wort, so verstehe ich Vorwort. Und es ist schwer, die passenden Worte zu finden, denn KRYON spricht für sich selbst.

Alle die Informationen dieses Buches sind gechannelt. Ich habe mich für dieses Buch *einfach* hingesetzt, die Augen geschlossen und empfangen, teilweise direkt in den PC hinein, teilweise sprach ich auf Kassette.

Ich habe KRYON sozusagen das Zepter in die Hand gegeben und mich als Medium zur Verfügung gestellt.

Liebende Geister, die mir zur Seite standen, übertrugen die Kassetten, brachten den direkt gesprochenen Text in Rechtschreibform. Ich habe dann lediglich alles Korrektur gelesen, um einige Ungleichheiten zu glätten.

Ich werde immer wieder gefragt: »Wie wird man ein Channel, ein Medium?«

Ich möchte hier kurz meinen Weg aufzeigen, da ich durch die vielen Einzel- und Gruppenchannelings weiß, dass dieses eine immer wieder aufkommende Frage ist.

Ich habe keine irdischen Hilfsmittel wie Schulen, Seminare etc. besucht. Der Kanal war wohl schon lange geöffnet; nur ich habe es nie bemerkt, oder, besser gesagt, nie ernst genommen. Da tauchte dann das auf, was viele von Ihnen sicherlich kennen, ein altes Muster sozusagen: *Ich bin es nicht wert, Botschaften zu empfangen. Es ist bestimmt Fantasie …*

Erkennen Sie sich wieder?

Vor zirka dreißig Jahren bekam ich den Auftrag – ich war damals als freie Journalistin tätig –, eine weise alte Frau, eine Seherin, zu interviewen. Diese weise Frau hatte in München einen guten Ruf, wie ich heute weiß. Sie war eine von den Menschen, die in der alten Energie zu den Auserwählten gehörte, und sie gab vielen Menschen weise Ratschläge. Ich war sehr skeptisch, als ich dort hin ging.

Um mir ihre Arbeit zu demonstrieren, fragte sie mich, ob sie mir einige Dinge aus der Vergangenheit und der Zukunft sagen dürfe. Ich bejahte. Und so erfuhr ich unter anderem – ich sei ein Medium, allerdings sei meine Zeit noch nicht gekommen. »Erst wenn Sie älter sind, kommt diese Aufgabe auf Sie zu«, sagte sie. Sie können sich vorstellen, wie verblüfft ich war. Ich? Ein Medium? Nie und nimmer, dachte ich.

In all den Jahren fielen mir durch »Zufall« immer wieder spirituelle Bücher zu, und ich traf Menschen, die medial veranlagt waren. Kurz, ich wurde immer wieder auf meine Berufung hingewiesen. Das entwickelte sich immer weiter, bis ich schließlich meine Stimmen im Kopf akzeptierte, viele Informationen aufschrieb und erkannte: Das ist wohl etwas, was mein Leben verändern wird.

Aber ich war weiterhin von Zweifeln begleitet.

Im Jahre 2000 traf ich auf eine Frau, die mir ein KRYON-Buch schenkte. KRYON war mir bis dahin nicht bekannt. Ich hatte viele gechannelte und andere wundervolle Werke spiritueller Art gelesen. KRYON nicht.

Sie lächelte mich an und sagte. »Das ist wichtig für Sie, lesen Sie es bitte.«

Ich war begeistert von dem Buch, rief sie am nächsten Tag an und bat sie, mir einige Fragen dazu zu beantworten. Sie sagte nur. »Fragen Sie KRYON doch selbst.«

Das tat ich. Und es klappte. Es war der Beginn unserer Zusammenarbeit.

In der nächsten Zeit wurde ich von der geistigen Welt geschult, bekam Anweisungen, bestimmte Atemtechniken zu lernen, Visualisationen und vieles mehr. Ich musste immer wieder üben, üben, üben – den Kontakt halten. Ich war in der geistigen Schulung. Und ich bin selbstverständlich auch durch die Klärungsphase hindurchgegangen.

Mitte 2002, nachdem ich viele Informationen aus der geistigen Welt erhalten und viel gelernt hatte, der Kontakt sehr intensiv und kräftig war, fragte ich KRYON eines Tages: »Warum gibt es eigentlich kein deutsches Channel? Könnte das nicht eine Aufgabe für mich sein? Ist es vielleicht mein Vertrag?!« Er (sie) lachte und sagte. »Na endlich, ich dachte schon, du fragst mich nie.«

Seitdem ist meine Arbeit kontinuierlich gewachsen. Im Oktober 2002 begann ich mit Einzel-Channelings. Ich habe nie Anzeigen geschaltet, aber die Menschen, die zu mir kommen sollten, wurden mir zugeführt … Sie können sich vielleicht vorstellen, wie zweifelnd ich anfangs war, aber sie wurden mir zeitlich so geschickt, wie es passend für meine Entwicklung war und ist, denn die ging und geht ja ständig weiter.

Im Mai 2003 begannen meine ersten Gruppen-Channelings in kleinem Kreis mit zirka achtzehn bis dreiundzwanzig Menschen. Nun werde ich immer weiter geschickt. Meine Gruppen vergrößern sich auf hundert bis einhundertzwanzig Menschen. Ich bevorzuge jedoch die kleineren Gruppen, weil es intimer ist; wir können persönlicher miteinander »arbeiten«.

Im Mai bekam ich durch »Zufall« Kontakt zu diesem Verlag. Ich solle ein Buch channeln, sagte mir mein »Chef«. Ich habe diese Aufgabe mit Freuden angenommen, allerdings auch mit etwas Herzflattern, denn ich empfinde es als eine Aufgabe mit großer Verantwortung. Aber ich weiß jetzt, diese Gefühle gehören zu meinem Prozess. Und ich freue mich natürlich sehr, KRYON channeln zu dürfen.

Ich wünsche Ihnen, liebe Leserin und lieber Leser, bei der Lektüre dieses Buches viel Freude und möchte Sie ermuntern, so wie die geistige Welt mich ermuntert hat, selbst Kontakt mit ihr aufzunehmen und zu kommunizieren, denn das ist ja das Attribut der Neuen Zeit. KRYON sagt immer wieder, es ist für jede Seele, die die Absicht ausspricht, in die Neue Zeit gehen zu wollen, möglich, zu ihm/ihr Kontakt aufzunehmen und natürlich auch zu all den anderen geistigen Wesenheiten, die uns in der heutigen Zeit begleiten.

Übrigens: Ich sehe und fühle KRYON als eine weibliche Energie. Fühlen Sie einmal selbst!

Ihre *Barbara Bessen*

Einführung

Ich bin KRYON vom magnetischen Dienst. Und ich grüße euch. Ich grüße euch in tiefer Liebe. Ihr seid diejenigen, deren es großer Achtung und Ehre bedarf. Ihr seid diejenigen, die sich bereit erklärt haben, an dem Experiment Erde teilzunehmen – vor langer, langer Zeit. Ihr seid geehrt für eure Arbeit hier auf der Erde.

Ich bin heute in der Form dieses Buches zu euch gekommen, weil es an der Zeit ist, auch in deutscher Sprache, also direkt zu euch, zu sprechen. Die Zeit ist reif.

Diese meine Partnerin hat sich genau wie meine anderen Channels auf der Erde vor langer Zeit dazu bereit erklärt, diesen Dienst, mit mir zu arbeiten, zu übernehmen. Sie ist eine von den nunmehr zwölf Channels auf der Erde, die meine Botschaften direkt empfangen können. Ihr seht also, liebe Freunde, alles ist in Planung gewesen. Nun ist der Zeitpunkt gekommen, hier für dieses Land besondere Informationen freizugeben.

Ihr seid aufgerufen, euch ins Licht zu begeben, um dieses Land Deutschland und all die anderen Länder

Europas ins Licht zu führen. Öffnet euch der Transformation. Übernehmt euren Dienst, ein Lichtarbeiter zu sein.

Ich sage euch, dieses Land wird einen entscheidenden Beitrag zu der Entwicklung des neuen Europas, des neuen geistigen Europas leisten, was nicht politisch zu verstehen ist. Denn die Transformation beginnt im Geist, wie alle Dinge, liebe Freunde. Doch dazu später mehr.

Ich freue mich, euch liebevoll über die Schulter schauen zu dürfen, während ihr diese Zeilen lest. Aus diesem Buch, liebe Freundin, lieber Freund, kommt viel zu dir. Starke Energien, große Transformationsprozesse werden in Gang gesetzt.

Vielleicht bist du eine Leserin, ein Leser, die/der sagt: »Oh, KRYON, ich kenne den geistigen Weg schon. Was gibt es Neues?« Auch für dich sind neue Informationen dabei.

Einige von euch werden gerade den Weg beschreiten, den Weg in die Neue Energie, in die neue Erdenzeit. Die finden Hilfe und Unterstützung. Einige von euch werden an all den anderen, von mir über Dritte veröffentlichten Texten vorbeigegangen sein oder vielleicht nur einen kurzen Blick hinein geworfen haben. Denen sage ich: Ihr seid richtig hier, blättert weiter, vertraut! Es sind Informationen für euch, die es euch möglich machen, euch weiterzuentwickeln, die euch helfen, einen neuen Weg einzuschlagen.

Und, liebe Freunde, wenn ihr glaubt, einige Dinge hier in diesen Schriften nicht verstehen oder aufnehmen zu können – manch einer sagt vielleicht: »Ich vergesse so viel, KRYON. Wie kann ich all das behalten, was du sagst?« –, dem sage ich: Das, was wichtig für dich ist, bleibt bei dir und geht in alle deine Körper hinein. Das, was wichtig für deinen Weg ist, ist unauslöschbar. Das verspreche ich dir!

Lasst uns beginnen. Erfreut euch an der Energie und an den Worten. Seid in Liebe zu euch selbst.

Ich bin KRYON

Die Neue Energie

Viele von euch, liebe Freunde, sind schon informiert über das, was ich euch als Botschafter und Magnetexperte bringen durfte. Ich bin nicht allein in Sachen »Neue Energie« als Bote unterwegs. Viele von meinen Brüdern und Schwestern sprechen über dieses Thema. Jeder auf seine Art und Weise. Denn jeder von uns ist ein Spezialist auf seinem Gebiet. Ich bin ein Meister des Magnetismus.

Ihr, liebe Freunde, die ihr schon wisst, was »Neue Energie« bedeutet, ihr, die ihr schon andere Schriften von mir gelesen habt, euch sage ich vielleicht nichts Neues. Doch bedenkt bitte, es kommen immer mehr von euren Schwestern und Brüdern in die Nähe des Interessiertseins, in die Nähe ihres Vertrages, nämlich ein Lichtarbeiter zu sein. Das ist eure Aufgabe in dieser Inkarnation. Du, der du dies liest, bist derjenige, der schon erwacht ist oder erwachen wird. Ich bitte dich also, dich, der du vieles schon kennst: Lass gern alles noch einmal auf dich wirken, was nun an Botschaften kommt, und sei voller Verständnis für deinen noch leicht schlummernden Nächsten. Denn auch du begannst einmal diesen Weg.

Genieße die Energie, die aus diesen Schriften zu dir hinüber fließt.

* * *

Seit Anbeginn der Existenz der Erde bin ich hier. Ich installierte das Magnetgitter. Es ist ein Teil dessen, was notwendig war und ist, um Biologie auf der Erde möglich zu machen. Versteht ihr? Das ist mein Spezialgebiet. Mit vielen Helfern installierte ich dieses Gitter und bin seitdem zwei weitere Male gekommen, um es zu verändern. Das war notwendig, um eine Entwicklungsänderung der Menschheit möglich zu machen. 1987 wurde ich erneut gerufen, um nun etwas ganz Wunderbares zu tun, nämlich das Gitter neu auszurichten, damit ihr euch für etwas Besonderes bereit macht: Den Aufstieg. Ich drücke meine Aufgabe hier ganz einfach aus. Ich möchte es kurz zusammenfassen:

Ich wurde zur Erde gerufen, um das Gitter neu auszurichten. Aber ich kam nicht alleine. Wir, meine Helfer waren viele Tausende von Lichtwesen, agierten vom Orbit des Jupiters. Diese Richtung des Magnetgitters dauerte und wirkte bis Ende 2002, mit Nachwirkungen bis März 2003. Nun ist das Magnetgitter so gerichtet, dass ihr einen Blick hinter den Schleier werfen könnt. Die Veränderung des Gitternetzes bewirkt eine Neuausrichtung der menschlichen Entwicklung.

Dies alles hat einen besonderen Hintergrund. Die Erde geht mit ihrem gesamten Sonnensystem in eine neue

Umlaufbahn, in Richtung Zentralsonne. Da die Erde ein Nachzüglerplanet ist, war es nicht sicher, ob die Bewohner der Erde – nämlich ihr – es schaffen würden, sich spirituell so weit zu entwickeln, um am Aufstieg teilzunehmen. Versteht es so: Hier auf der Erde sind viele Wesen inkarniert, die nun die Möglichkeit haben, sich angemessen zu entwickeln. Ihr denkt, auf anderen Planeten seien keine Lebewesen. Gefehlt! Es existiert Leben, »menschliches« Leben auf anderen Planeten, nur in einer anderen Dimension. Sie sind den Weg des Aufstiegs schon gegangen, vor langer Zeit. Sie leben vielleicht in der vierten oder – wie ihr es nennen würdet – fünften Dimension, für euch nicht sichtbar. Ihr seid zurzeit noch mit den Attributen ausgestattet, hier in der dritten Dimension leben zu können. Das ist eure ausgesuchte Aufgabe. Darum seid ihr hier. Unter euch, mit euch – vielleicht bist es auch du – sind Nachzügler anderer Planeten, die bereits aufgestiegen sind.

Es war nicht sicher, ob die Erde an diesem Aufstieg teilhaben könnte. Ich sage euch, das, was ihr über die Erde nachlesen konntet – in alten Schriften der Weisen der Hopi, der Maya, Nostradamus, auch in der Bibel stand es –, ist keine Fantasie gewesen. Die Erde hätte den Weg des Untergangs, der Zerstörung gehen können. Liebe Freunde, diese beiden Möglichkeiten standen zur Wahl.

Ich drücke es einfach aus – stellt euch vor, dass ein Kollektiv von Seelen hier auf der Erde eine besondere

Aufgabe hatte, sie sollten im Kollektiv die Schwingungen der Erde erhöhen, damit die Erde am Aufstieg teilnehmen kann. »Wie?«, werdet ihr fragen. Ihre Schwingungen zu erhöhen bedeutet, in die Erleuchtung zu gehen. Dieses Kollektiv hat es geschafft, die Erleuchtung zu erlangen, ihre Schwingungen und somit die Schwingungen der Erde zu erhöhen. Die Erde kann nun am Aufstieg teilnehmen. Es hört sich »verrückt« für euch an. Aber ich sage euch, so ist es geschehen. 1987 maß ein himmlisches Gericht die Schwingungen der Erde. Es wurde befunden, die Erde sei bereit für den Aufstieg.

Meine erste Aufgabe ist es gewesen, den Kometen, der auf dem Weg zur Erde war, zu zerstören. Es war der Gesandte, der Auslöser zur Eliminierung der Erde. Er existiert jetzt nicht mehr. Ich durfte den Kometen sprengen. Die Erde kann ihren Weg nunmehr weiter gehen. All dies ist – für Zweifler – auch in wissenschaftlichen Schriften nachzulesen. Eure Astronomen haben es wohl vernommen, was dort geschah. Sie waren verwundert, dass dieses große Objekt auf einmal in viele Einzelteile zerbarst. Das war meine erste Aufgabe, als ich gerufen wurde. Damit war der Beginn der neuen Erde eingeleitet. Nach der Neuausrichtung des Magnetgitters wird nun die Entwicklung der Erde immer gezielt bergan gehen. Ihr wisst, was damit gemeint ist. Der spirituelle Aufstieg, die komplette Umwandlung, die Transformation, die Reinigung dieses Planeten hat schon begonnen. Es ist an der Zeit für jeden Menschen, zu überprüfen, in welche Richtung er sich weiterentwickeln will. In den Weg des Lichts, des Aufstiegs? Oder möchte er an alten Dogmen und Verhaltensmustern festhalten, die seit langer Zeit die Wege der Erde bestimmten und nun ihren Sinn verlieren? Ihr geht in das goldene Wassermannzeitalter. Ein Rhythmus von zirka 26 000-jährigen Phasen der verschiedenen Erdzeitalter hat wieder einmal diesen Punkt der hohen Entwicklung erreicht. Ihr geht nun mit in den Photonengürtel, in die hohe Weiterentwicklung.

Die Ausrichtung des Magnetgitters machte es unter anderem möglich, diese Neue Energie, die nun in und auf die Erde fließt, zu empfangen. Für den einzelnen Menschen bedeutet diese sogenannte Neue Energie, die Christusenergie, eine Möglichkeit, sich leichter spirituell weiterzuentwickeln.

Die Erde und ihre Bewohner sind dabei, aufzusteigen, mit teilzuhaben an einer neuen Erdenzeit mit der Prämisse, sich in eine andere Dimension hinein zu bewegen – Richtung Zentralsonne, was ihr auch gleichsetzen könnt mit Gott oder Spirit, dem Schöpfer. Das gilt für alle Planeten in diesem Sonnensystem. Lasst euch sagen, dieser Aufstieg ist einzigartig in der Entwicklung dieses Sonnensystems. Wenn ihr sehen könntet, wie viele Wesenheiten aus anderen Sternensystemen und Galaxien hier zuschauen. Sie drängeln sich in diesem Sonnensystem, um zuzusehen, was mit der Erde jetzt geschieht. Ihr würdet staunen. Aber ich sage euch immer wieder, ihr seid die Geehrten und Geliebten, ihr seid diejenigen, die an diesem großen Experiment aktiv teilnehmen. Auf der anderen Seite des Schleiers stehen viele Seelen Schlange, um zu inkarnieren, um jetzt dabei zu sein, bei diesem wundervollen Ereignis.

So könnt ihr an der Neuen Zeit teilnehmen: Fordert die Neue Energie an durch eine Absichtsaussprechung, bittet in einem Gebet zum EINEN darum, diese Energie empfangen zu dürfen, erbittet die Neutralität der Entwicklung.

Ihr kommt mit einem Imprint auf die Welt, das euch so passend hier leben lässt, wie es angemessen ist. Dieses Imprint verhindert vieles, unter anderem, dass ihr euch, während ihr hier seid, an alles erinnert, was in anderen Leben geschehen ist. Es verhindert, dass ihr wisst, wer ihr wirklich seid. Es verhindert, dass sich die DNS-Stränge entwickelnd aktivieren.

Es verhindert, dass ihr in diesem Körper alt werdet, länger lebt. Es beinhaltet das Todeshormon. All das verändert sich, wenn ihr die Neue Energie anfordert. Ihr werdet langsam ein Ganzes. Ihr bekommt euer volles Potenzial zurück. Ist das nicht wundervoll? Ihr bekommt all das zurück, was gestoppt wurde, um euch tauglich zu machen für die vielen Lernaufgaben. Das ist nun vorbei. Euer gesamtes Potenzial, all euer Können, euer Wissen, eure Fähigkeit zu kreieren, zu schöpfen, all das kommt zurück. Ihr entscheidet, wie lange ihr hier verweilen wollt. Euer Körper kann sich verjüngen. Ja, das ist neu. Eure Körper können sich erinnern. Ihr habt die Möglichkeit, all das zu reaktivieren, was euch wirklich ausmacht.

Ich rufe dich auf, Mensch, erhebe dich, erkenne, wer du bist, nimm deine Ganzheit an. Wachse und beginne, Eigenverantwortung zu übernehmen für dich, für dein Leben, für deine Entwicklung!

Die Neue Energie wird angefordert, geht dann sozusagen in die Bearbeitung, und es dauert einen Zeitraum von zirka drei Monaten, bis ihr die Neue Energie in eure Körper hineingelassen habt.

In dieser Zeit beginnt eine totale Klärung der Körper. Ihr werdet sozusagen gesäubert, geklärt, transformiert. Ihr seid – und das ist ein wundervolles Attribut der Neuen Zeit – nach diesen drei Monaten karmafrei.

Ihr löst euch in dieser Zeit von dem alten Karma, das euch zum Teil schon lange begleitet. Hier, in dieser Inkarnation, darf es nun gehen. Fünfzig Prozent von der jeweiligen karmischen Verbindung zu einem anderen Wesen sind nun von eurer Seite aus nicht mehr da. Dann ist diese Beziehung zwischen dir und dem anderen so, als wenn er dir einen Ball zuwirft und du nimmst ihn nicht an. Verstehst du, lieber Mensch? Eine Klärung deiner Aktionen hier auf der Erde beginnt. Du hast die Chance, deinen Weg karmafrei zu gehen, ohne Auflagen sozusagen. Das ist neu.

Wenn du diesen Weg gehst, wirst du spüren, dass körperlich und auch seelisch vieles von deinen Altlasten herausgefiltert wird. Du wirst vielleicht Schmerzen haben, wo du noch nie welche hattest. Vielleicht weinst du viel. Es kommt – wie bei der Homöopathie – zu einer Erstverschlimmerung, um danach zu gehen. Dann lass alles los.

Diese Phase ist bei jedem unterschiedlich. Einige Menschen merken sie kaum, andere sind damit schwer beschäftigt. Nehmt euch Zeit für euch, seid allein, so oft ihr könnt, damit ihr effektiv ausscheiden könnt. Diese Phase ist für manche nicht so angenehm. Aber verstehe, du bist in einem Reinigungsprozess. Und der ist ausschlaggebend für die Neue Zeit.

Du weißt doch, wenn etwas Neues kommen will, muss das Alte erst einmal gehen. So ist es auch bei der Neuen Energie.

Nach dieser Dreimonatsphase bist du geklärt und karmafrei. Dann kannst du dein Leben neu gestalten und dich frei in alles hineinbewegen.

Stell dir vor, du bist ein Zug auf einem neuen Gleis. Dieses Gleis hat kein Ziel, keinen Bahnhof. Du bestimmst nun, wohin dieser Zug fährt. Beginne dann mit der Co-Kreation (siehe auch Kapitel *Die Macht der Gedanken oder Co-Kreation*). Du kreierst jetzt dein neues Leben, denn du bist ja frei von alten, dich steuernden Lasten. Außerdem ist es möglich, durch das Lüften des Schleiers Kontakt zum Höheren Selbst zu bekommen. Eine unerlässliche Verbindung, ohne die du nicht am Lichtkörperprozess teilhaben kannst.

Dein Leben, und nicht nur deines, sondern auch das Leben der Erde, der Elementarwesen, das Leben der vielen geistigen Helfer und Unterstützer der Erde verändert sich. Ihr bekommt neue Aufgaben, neue Ziele. Diese Neue Energie ist der Katalysator für eine neue Erde. Nehmt daran teil. Benutzt dieses Geschenk Gottes, um euch weiterzuentwickeln, damit sich die Erde weiterentwickeln kann und letztlich das gesamte Universum. So funktioniert das göttliche Prinzip.

Was ist ein Lichtarbeiter?

Oh, liebe Freunde, es ist eine wundervolle Aufgabe, euch mitzuteilen, was ein Lichtarbeiter ist. Ich bin in tiefer Freude und in tiefem Humor. Wer mich kennt und wer mich öfter hört, der weiß, dass ich diese Themen besonders liebe.

Denkt ja nicht, hier in meiner Welt, wie ihr sie euch immer vorstellt, wären wir ohne Humor. Humor ist ein göttliches Attribut. Wenn wir euch so anschauen, wie ihr euch bewegt, sehen wir, es fehlt euch an Leichtigkeit, ihr Freunde. Und ich rufe euch auf, geht in die Leichtigkeit hinein. So werdet ihr erkennen, dass viele Dinge euch sehr viel leichter von der Hand gehen, wenn ihr fröhlich, lustig und voller Humor seid, denn letztlich und endlich ist es ein göttliches Geschenk.

Ich bin in tiefer Liebe zu euch und in tiefer Wahrheit und möchte nun über Lichtarbeiter sprechen.

Bist du ein Lichtarbeiter? Ich sage dir, ja. Wenn du dieses liest, dieses Buch, diese Schriften, alle anderen Schriften der Neuen Zeit, die in Liebe geschrieben sind, dann bist du auf dem Weg ins Licht. Du bist bereit zu erkennen, dass dein Weg nun ein anderer ist. Du bist bereit zu sehen, dass sich viel auf dieser Welt verändern muss, damit die Erde ihren Weg gehen kann, damit die Erde in die neue Dimension, in eine andere Zeit hineingehen kann, die ihr das Goldene Zeitalter nennt.

Es ist notwendig, dass all die Menschen, die sich bereit erklärt haben, bevor sie auf die Erde gekommen sind, diese Aufgabe zu übernehmen, nun wachgerüttelt werden. Erwachet, liebe Freunde, schreitet ins Licht! Ich will euch dabei gerne behilflich sein, und natürlich auch viele andere Schwestern und Brüder.

Alle, die ihr dieses lest, wisst, dass sich mit der Erde etwas verändern muss, und ihr wollt dabei behilflich sein. Stellt euch vor, ihr habt, bevor ihr auf die Erde gekommen seid, in der Höhle der Schöpfung mit den Hütern des Karma und euren Schutzwesen zusammengesessen und diese Inkarnation geplant. Und es war nicht sicher, ob die Erde diese neue Zeit miterleben könnte. Ich meine das, was ihr Untergang nennt. Darüber sprachen wir schon. Aber ihr habt gesagt: »Wenn es denn so weit sein sollte, dann möchte ich dabei sein. Ich möchte mich weiterentwickeln. Ich möchte beim Aufstieg der Erde behilflich sein, meine Schwingungen erhöhen, die der Erde und letztlich die des Universums.«

Und nun liest du das, liebe Freundin, lieber Freund, und ich sage dir, es ist an der Zeit, dass du dich damit näher auseinandersetzt.

Einige von euch, die dieses hier lesen, wissen schon sehr viel über die Neue Energie, einige sind neu dazu gekommen und wollen sich jetzt ganz intensiv damit auseinandersetzen. Es werden immer mehr Menschen nachkommen, die sich in diese Richtung entwickeln wollen. Deswegen ist es nötig, dass du dich bereit erklärst, hineinzugehen in diese Zeit und an der 1 : 1 Heilung teilzunehmen und ein Lichtarbeiter zu sein, die wichtigen Informationen an andere weiterzugeben, die auf der Suche sind. Helft anderen Menschen, die erwachen, wissen wollen, was geschieht, unsicher sind und nicht deuten können, was mit ihnen passiert, warum sie tief in sich spüren, dass eine Veränderung um sich greift. Da sind vielleicht neue Aufgaben, die auf dich warten. Es sind Aufgaben, die erfüllt werden müssen, um die Menschheit in die Richtung zu führen. Vielleicht bist du eine Kindergärtnerin, vielleicht bist du ein Heiler, vielleicht bist du eine Hausfrau und Mutter und hast große Pflichten übernommen. Oder vielleicht sitzt du irgendwo als Richter und sollst über andere Menschen etwas sagen, über sie entscheiden. Und wir rufen dich auf: Gehe in dich, überprüfe deine Kriterien, wie du Recht sprechen willst! Wenn du Kindergärtnerin bist, überprüfe all deine Richtlinien, die du gelernt und gelebt hast! Es ist eine neue Zeit angebrochen, und es ist an der Zeit, alte Mechanismen, alte Strategien und alte Verhaltensweisen über Bord zu werfen. Die Zeit ist reif, alles zu überprüfen und zu erkennen, dass neue Perspektiven wichtig sind.

Ihr seid gerade in den Kindergärten, Schulen, was die Kindererziehung anbelangt, aber auch an den Universitäten noch auf einem alten Gleis, in der alten Energie. Denkt an die Indigo-Kinder, Kinder der Neuen Zeit. Sie lassen sich nicht nach alten Mustern lenken. Sie wissen, warum sie jetzt auf der Erde sind. Und es ist an der Zeit, in die Neue Energie hineinzugehen. Dafür sind Lichtarbeiter zuständig und notwendig. Es gibt also viel zu tun auf dieser Erde. Viele Gebiete wollen neu erforscht und neu betrieben werden. Und du als Lichtarbeiter hast hier deine Funktion zu übernehmen – in jeglicher Art und Form. Das ist es, was wir Lichtarbeiter nennen.

Es ist nicht so wichtig, ob du ganz viel weißt, ganz viel Wissen umsetzt, sondern es ist wichtig, dass du fühlst, dass etwas getan werden muss. Dafür hast du dich bereit erklärt vor langer, langer Zeit.

Du hast verschiedene Verträge abgeschlossen, bevor du gekommen bist. Viele Verträge hast du schon erfüllt, und jetzt begibst du dich in deinen neuen Vertrag. Und dieser Vertrag hat etwas zu tun mit der Kreation der neuen Erde.

Und ich möchte dich aufrufen: horche du in dich hinein und erfrage auch bei deinem Höheren Selbst: »Was ist denn jetzt meine Lebensaufgabe? Was ist mein Vertrag?«

Horche, lausche und erkenne. Es gibt viel zu tun, liebe Freunde. Lasst uns Lichtarbeiter sein!

Der Weg in die Freiheit

Stell dir vor, liebe Freundin, lieber Freund, du bist allein und hast vor, dich in eine andere Stadt zu begeben, noch einmal neu zu beginnen. Was wirst du zuerst tun? Dich auf deinem Amt abmelden? Dich hinsetzen, einen Plan machen, wie dein weiteres Leben aussehen soll? Dich von Menschen verabschieden, die dir nahestanden? Oder vielleicht ein letztes Mal an die Stätten gehen, die du gern besucht hast? Was ist das Wichtigste, was zu tun ist, wenn ein neuer Abschnitt deines Lebens beginnt?

Ich sage dir, das Wichtigste ist, nach vorne zu schauen, zu gucken, was vor dir liegt. Und das, liebe Freunde, gilt auch für die Zeit, die jetzt hier auf der Erde beginnt. Eine neue Zeit beginnt; die Erde transformiert sich. Du bist dabei, du nimmst am Aufstieg teil. Nimm die neue Aufgabe an. Lass das Alte los und schau nach vorn. Nimm energetische Auflösungen vor. Bitte meinen Bruder Michael um Hilfe. Er ist Spezialist in Sachen Auflösung und ist dir gern behilflich. Und: cokreiert das neue Ziel.

Ich möchte euch aufrufen, schaut nach vorne, wenn ihr euch auf diese neue Ebene des Lichts bewegt. Schaut nicht zurück. Lasst das Alte gehen. Befreit euch vom Ballast. Das ist wie ein Umzug.

Ich sehe Menschen, die verzückt in alte Inkarnationen schauen, begeistert davon, wer und was sie gewesen sind. Sie verbringen viel Zeit damit, in Altem zu kramen, aber das ist nicht die Aufgabe eines Lichtarbeiters.

Das Attribut der Neuen Energie, der Neuen Zeit, ist, in Freiheit zu sein. Der Weg der Neuen Energie bedeutet, karmafrei zu sein, kein neues Karma aufzubauen, das Leben nun eigenverantwortlich in die Hand zu nehmen und sich an den richtigen Platz des zukünftigen Wirkens zu begeben. Das ist Freiheit. Freiheit der Neuen Zeit.

Schaut euch in Liebe kurz um, wenn ihr einen neuen Lebensabschnitt beginnt. Verabschiedet kurz all das Alte. Das sind manchmal Freundschaften, Orte oder auch enge Partner, vielleicht die Arbeitsstelle. Entlasst alles, was nicht mehr passend ist, damit etwas Neues in euer Leben treten kann. Das ist der Weg in die Neue Zeit. Und vertraut, dass das Universum alles für euch bereithält, was ihr für euer neues Leben benötigt. Vielleicht ein neues Zuhause, endlich in die berufliche Freiheit, in die wirkliche Berufung zu gehen, und vielleicht auch einen neuen Partner in die Arme zu schließen.

Diese Art der Freiheit ist ein Geschenk der Neuen Energie. Nutzt sie.

Deine geistigen Führer

Wir wollen über die große Verbindung zur geistigen Welt sprechen.

Dass du nicht allein bist, dass du aus vielen Aspekten und Körpern bestehst, ist dir bekannt. Nun will ich dir sagen, alle diese Aspekte sind auch Aspekte von anderen Bewusstseinsebenen, die in deiner unmittelbaren Nähe sind, sozusagen in deinem Energiefeld. Es ist das, was ihr oft als Engel bezeichnet, oder Schutzwesen. Es sind die Aspekte in oder bei dir, die immer da sind, wenn du auf der Erde inkarnierst. Sie sind zu deinem Schutz und deiner Weiterentwicklung bei dir. Einige dieser Wesen sind ausschließlich aus der Ebene des Dienens, sie sind nie auf der Erde gewesen, sondern haben sich für eine andere Art des Daseins entschlossen. Sie sind direkt der Quelle unterstellt, beziehungsweise den Hierarchien von Abgesandten der Quelle. Es sind die, die ihr Schutzgeister nennt. Sie sind von Anbeginn eurer Inkarnationen bei euch.

Wenn du dich in die Neue Energie begibst, findet ein Wechsel deiner beschützenden Garde statt. Mitten in deinem Prozess werden sie sich verabschieden. Viele von euch merken diesen Wechsel sehr intensiv. »Oh, KRYON, ich fühle mich so allein gelassen, was ist geschehen?«, fragen sie. Und ich sage: »Deine Helfer haben sich verabschiedet.« Sie übernehmen neue Aufgaben. »Warum?«, wirst du fragen. Es ist nun angemessen, dass andere Wesen dich führen. Wesen, die intensivere Möglichkeiten haben, um dir, dem neuen Lichtarbeiter, der du nun bist, behilflich zu sein. Deine alten Schutzgeister übernehmen neue Aufgaben, um anderen, noch suchenden Seelen zu helfen.

Es kommen nun mindestens zwei Geistführer zu dir; das ist angemessen. Diesen Wechsel solltest du nicht bewertend betrachten. Es ist einfach so, dass du eine andere Art der Betreuung brauchst. Diese zwei Geistführer sind oft ein Engelwesen, ein nicht inkarniertes Wesen mit höheren Aufgaben. Der zweite Führer ist meist ein Aufgestiegener Meister, der dir nun helfen soll, dich weiterzuentwickeln, deinen Weg als Lichtarbeiter zu gehen.

Du wirst es merken, wenn die beiden neuen Führer in dein Leben treten; es fühlt sich gut an, wahrscheinlich sehr gut. Sie erscheinen, wenn es passend ist.

Du bist ja schon jetzt, in der Neuen Energie, mit deinem Höheren Selbst, das dich liebevoll betreut, verbunden. Nun sind deine neuen Führer neben dir, um dir ebenfalls behilflich zu sein, ins Licht zu schreiten. Hilf auch du ihnen. Gib ihnen die Möglichkeit, ganz nah bei dir zu sein. Lade sie ein und arbeite eng mit ihnen zusammen. Sie helfen dir, deinen Weg leichter zu beschreiten.

Sie möchten allerdings in dein Leben gebeten werden. Bitte sie um enge Zusammenarbeit. Denn es ist ein kosmisches Gesetz, dass sie nicht unaufgefordert in dein Leben eingreifen dürfen. Es bedarf deiner Bitte.

Jetzt bist du in der Neuen Zeit gut gerüstet. Diese himmlische geistige Begleitung ist ebenfalls ein Attribut der Neuen Zeit. Durch die Neuausrichtung des Magnetgitters ist der Schleier gelüftet. Du kannst nun einen Blick hinter den Schleier werfen. Es ist das, was früher nur Auserwählten, sogenannten Eingeweihten, möglich war. Sie hatten den Kontakt und konnten hellsehen, -hören und -fühlen. Sie waren mit der geistigen Welt verbunden und erhielten viele Botschaften für die Menschheit. Sie sind übrigens meist in Trance gefallen, wenn neue Botschaften fließen sollten. Das ist in der Neuen Zeit anders. Der Kanal ist geöffnet und kann, ohne in Trance zu fallen, genutzt werden.

Diese Möglichkeit ist nun allen Seelen, die weiter gehen wollen in dieser neuen, lichten Zeit, gegeben. Nehmt sie in Anspruch, arbeitet eng mit euren geistigen Freunden zusammen. Es sollte zu euren täglichen Gewohnheiten zählen, sie in einer Kurzmeditation zu besuchen.

Besprecht die alltäglichen Dinge, die euer Leben bestimmen, mit ihnen. Holt euch Ratschläge; viele kleine Stolpersteine räumen sie gern aus dem Weg.

Die vielen Aufgestiegenen Meister sind die, die schon auf der Erde gedient und auf ihre weitere Entwicklung verzichtet haben, um ihre Schwestern und Brüder, nämlich euch, auf ihrem Weg zu begleiten. Sie alle waren auf der Erde inkarniert und haben sich emporgearbeitet. Sie sind jetzt in der fünften Dimension und freuen sich, euch zu dienen. Nehmt diese Liebe in Anspruch. Sie wissen viel und tauschen ihre Erfahrungen gerne mit euch aus. Außerdem sind viele Meister mit Spezialwissen an eurer Seite, die euch gerne vieles lehren.

Wissen über Spezialgebiete, wie verschiedene Heilweisen, Akupunktur (vielleicht besucht dich ein chinesischer Meister, um dir besondere Akupunkturpunkte zu zeigen, die keiner kennt), Wissen über Geistheilung, Kristallarbeit etc. warten auf euch. Eine riesige Bibliothek, die ihr einfach nur »anzuzapfen« braucht, steht euch zur Verfügung.

Ihr fragt vielleicht: »Lieber KRYON, ich sehe meine Geistführer vor meinem inneren Auge nicht, hören kann ich ihn auch nicht. Was kann ich tun?« Übe bitte immer weiter. Dein inneres Ohr und dein inneres Auge werden sich langsam öffnen und irgendwann wirst du empfangen. Bedenkt auch, liebe Freunde, man sieht mit dem inneren Auge anders; ihr fühlt oft, was ihr seht. Beim inneren Hören spricht keine laute Stimme, es sind Gedankenströme, die fließen.

Jeder von euch hat seine eigene Entwicklung. Das Wichtigste, liebe Freunde, ist: Vertraut euch selbst. Vertraut dem, was ihr seht und hört.

Oft spielt dein Verstand dir einen Streich und sagt: »Oh, das ist deine Fantasie, die du da hörst, das ist nie dein Geistführer.« Vertraue deinem Herzen, höre auf deine Intuition. Und vergiss nicht: Du bestimmst, ob du all diese Dinge erlebst. Du bist ein großes multidimensionales Wesen. Du hast sozusagen die Fäden in der Hand.

Es ist nicht mehr die Zeit des Zweifelns, des mangelnden Selbstvertrauens, erhebe dich und versuche, dir deiner selbst bewusst zu sein, nimm den Kontakt zur geistigen Welt auf. Du wirst erwartet!

Die Art und Weise, zu lieben

Ich stelle euch die Frage: Was ist Liebe? Was ist es, was ihr Liebe nennt? Jemanden in seiner Nähe haben zu wollen, jemanden in den Arm zu nehmen oder jemandem ein Geschenk zu machen? Ja, das ist etwas, was ihr Liebe nennt.

Ich nenne es *gern haben*. Liebe ist etwas anderes. Liebe bedeutet, sich ganz für etwas zu öffnen, sich so weit zu öffnen, dass man verletzbar ist. Sich vertrauensvoll öffnen, was gleichsam bedeutet, auch das Vertrauen zu besitzen, dass der andere einen tief treffen kann, oder auch nicht. Sich allem zu öffnen, was auf einen einströmen kann, ohne zu bewerten. Das ist Liebe.

Liebe bedeutet: Ich vertraue dem Universum. Ich vertraue der Quelle, dass alles, was für mich bestimmt ist, gut für mich ist. Sich zu verschließen bedeutet, sich nicht der Liebe zu öffnen und sich neuen Erfahrungen zu verschließen. Wenn du dich selbst achtest und ehrst, dich kennenlernen willst, tief in die Erkenntnis des »von allem, was ist« eintauchen möchtest, rufe ich dich auf: Öffne dein Herz, öffne es für die Erfahrungen, die für dich gedacht sind. Die Erfahrungen, die auch in Zusammenhang mit anderen Menschen geschehen, denn du bist nicht allein auf der Erde, auf diesem Schulungsplaneten. Eine Weiterentwicklung des Menschen bedeutet, in Liebe zu sein. In Liebe zu sein mit der eigenen Identität, damit ihr klar und gerade auch auf Lernprozesse zugehen könnt.

Liebe ist das Verstehen des Ganzen. Lasst euch auf die Eigenliebe ein. Ich meine nicht den Egoismus oder Narzissmus. Ich spreche von: Ich liebe mich; ich akzeptiere mich; ich akzeptiere Gott; ich liebe die Quelle.

Sich der Liebe öffnen heißt auch, anderen Menschen die Möglichkeit zu geben, sich weiterzuentwickeln. Vielleicht heißt das auch, dass dieser Mensch mein offenes Herz benutzt und mich verletzt. Vielleicht ist es aber für seine Lernaufgabe vonnöten, mich zu verletzen. Vielleicht – oder eher wahrscheinlich – haben wir uns auf der »anderen Seite« vor dieser Inkarnation für jetzt verabredet, und ich habe ihm gestattet, mich zu verletzen, um ihm behilflich zu sein.

Ich wünsche mir, dass du jetzt sagst: Ich verstehe. Ich öffne mich der Liebe, der allumfassenden Liebe. Der Liebe der Quelle.

Ich rufe dich auf, vertraue der Liebe des Einen. Sie ist der Schlüssel zur Heilung.

Die Macht der Gedanken
oder Co-Kreation

Stellt euch vor, liebe Freunde, ein tiefer Wunsch erfüllt eure Gedanken, erfüllt euer Sein. Ihr wünscht so sehr, dass sich eine bestimmte Sache erfüllen möge. Aber es sieht leider im Moment nicht so aus, als würde sich der Wunsch in die Tat umsetzen. Was könnt ihr tun? Liebe Freunde, co-kreiert es. Das ist die Antwort, die ich euch gebe: Co-kreiert euren Wunsch. Ihr fragt: »Ist es so einfach?« Ich sage euch: Ja. Setzt euch mit der Thematik eures Wunsches auseinander. Ist er im Namen und Geiste des Universums? Schade ich jemandem mit meinem Wunsch? Nein? Gut, dann co-kreiere ich. Hier sei noch erwähnt, dass in der Dimension, in die ihr aufsteigen werdet, ein einziger Gedanke ausreicht, um eine Idee in die Materie umzusetzen. Doch dafür ist die Zeit noch nicht reif.

Es bedarf noch eines etwas langwierigeren Vorgangs der Co-Kreation. Versteht das Wort *co*: es bedeutet *mit*-kreieren, das eigene Leben nach der Karmaauflösung eigenverantwortlich mit dem Universum in die Hand zu nehmen.

Es ist das, worüber ich schon ausführlich sprach. Viele von euch haben es immer noch nicht so recht verstanden, glauben es nicht oder trauen sich nicht, es umzusetzen. Die Co-Kreation ist ein Geschenk der Quelle an euch. Ein Geschenk für die Neue Zeit der Erde. Nutzt diese Gabe.

Hier ein Beispiel, wie ihr arbeiten könnt:

Du wünschst dir vielleicht, weil du ein Heiler bist, eine eigene Praxis, wo du deine Patienten, die du dir natürlich auch wünschst, bald behandeln kannst.

Es ist keine Praxis weit und breit in Sicht. Es sind auch noch keine Patienten da. Du hast lediglich deinen Schein, du hast deine Prüfung bestanden und wartest voller Inbrunst und Liebe darauf, deinen Dienst antreten zu können. Was kannst du tun?

Überlege dir genau, was du dir co-kreieren möchtest, schreib es dir vielleicht auf einen Zettel, und dann sprich es laut aus und schicke es ins Universum. Sprich es einmal laut und deutlich aus, was deine Gedanken, die du vorher genau detailliert gefasst hast, wollen. Dann sende es hinaus. Gestatte dem Universum allerdings, die Art und Weise der Manifestation selbst zu bestimmen. Beschränke das Universum nicht. Es hat seine eigene Art der Kreativität.

Was kannst du noch tun? Begib dich in deine Gedankenkraft und stelle dir vor, wie es ist, wenn du dich in deinem Praxisraum aufhältst. Wie sieht er aus, wie fühlt es sich dort an? Wo ist dein Schreibtisch, wo steht deine Behandlungsliege? Welche Vorhänge hat der Raum? Stelle dir den Patienten vor, den du gerade behandelst. So kannst du behilflich sein, deine geistige Kreation zu materialisieren. Gehe so oft wie möglich in diese Kraft deiner Gedanken und deiner Tagesträume hinein.

So ist der Weg, wie du arbeiten kannst, wenn du co-kreieren möchtest. Je weiter deine Entwicklung fortgeschritten ist, je weiter die Transformation der Erde fortgeschritten ist, umso schneller wird die geistige Kreation sich materialisieren.

Ich möchte dich ermutigen, so zu arbeiten in deinem neuen Leben. Denn, sich auf den Weg in die Lichtarbeit zu begeben, bedeutet, einen neuen Lebenspfad zu beschreiten. Nun bist du ein Lichtarbeiter. Co-Kreation ist ein wichtiges Werkzeug eines Lichtarbeiters. Doch bedenke, dass du nur für dich co-kreieren kannst, nicht für andere Menschen, auch wenn du sie noch so sehr in dein Herz geschlossen hast. Jedes Individuum hat seinen eigenen Weg des Erwachens und Wachsens.

Die Leichtigkeit des Seins

Ich möchte euch gerne helfen, eure Lebenslust, die Urlebenskraft zu stärken.

Dieses Leben hier auf der Erde ist ein ganz besonderes. Bedenke, eigentlich bist du Energie, eine Energie, die sich vorgenommen hat, hier in der Materie ihre Erfahrungen zu sammeln. Das ist zurzeit hier deine Aufgabe. Darum bist du hier. Diese Aufgabe beinhaltet außerdem, deine Erfahrungen zu sammeln, du lernst, entwickelst Karma, baust es wieder ab. Nachdem du nun dein Karma durch die Gnade des EINEN, durch die Neue Energie, aufgehoben hast, steht einem neuen, freien Leben eigentlich nichts mehr im Wege. Dein Leben kann sich also nun verändern, es kann leichter werden. Und dazu möchte ich dich ermuntern. Viele Menschen haben durch die vielen Inkarnationen eine gewisse Schwere zu leben entwickelt. Immer, wenn sie wieder inkarnieren, setzt eine Schwere ein, eine Last senkt ihre Schultern. Sie schreiten schwer beladen durch die Erdenzeit.

Ich bitte dich von nun an: Richte dich auf, glätte deine Sorgenfurchen, entspanne deine Schultern und schreite fröhlich durch das Leben. Das ist ein weiteres Attribut der Neuen Zeit.

Wir hier auf der anderen Seite des Schleiers – wie ihr es ausdrückt – existieren in einer anderen Schwingungsebene, erkennen die Gesamtheit allen Seins. Wir wissen um die Kraft der Gedanken. Dementsprechend leben wir mit Leichtigkeit, mit Humor, alles ist form- und veränderbar. Du entscheidest, was nun weiterhin mit deinem Leben passiert. Kein anderer sagt dir, wohin und wie du weitergehen sollst.

»KRYON«, wirst du sagen, »ich bin verheiratet, habe zwei Kinder und bin schon sehr eingeschränkt in meiner Lebensweise.«

Gewiss, Pflichten sind in deinem Leben, die hast du dir selbst ausgesucht, bevor du auf diese Erde gekommen bist. Aber es gibt keinen Grund, dich belastet, schwer oder bevormundet zu fühlen und mit dieser Einstellung deine Aufgaben anzugehen.

Ich rate dir: Betrachte dein Leben, deine Aufgaben. Schau sie dir genau an. Schaue dich an, deine Art, diese Pflichten umzusetzen, auszuleben. Und ich sage dir, du wirst Schwere und Last entdecken. Das sind alte Dogmen, alte Muster, die man dir anerzogen hat. Ob von Kirche, Staat oder anderen Menschen oder festgefahrenen Institutionen. Befreie dich davon. Du bestimmst, wie und in welcher Art und Weise du dein Leben fortführst.

Deine Lasten sind da, aber betrachte sie einmal aus einer anderen Sichtweise. Sie können leichter werden. Beleuchte einmal die Art und Weise, wie du andere Seelen betreust.

Vielleicht sind deine sogenannten Erziehungsmethoden veraltet, vielleicht entsprechen sie auch gar nicht deinen eigenen Vorstellungen, sondern sind dir ebenfalls anerzogen worden.

Ich sage euch, die Neue Zeit verlangt eine Überdenkung eurer Erziehungs- und Lebenseinstellungen. Wie gehe ich mit den Menschen um, die mir anvertraut sind? Ich sage dir, so wie du es wünschst, dass man mit dir umgeht. Eine liebevolle verantwortungsvolle Führung, aber mit Leichtigkeit, mit Spielraum für die Wesen, die um dich herum sind. So, wie du es auch von anderen für dich erwartest.

Leichtigkeit und Humor sollten in dein Leben hineintreten. Das gilt für alle Bereiche deines Lebens. Arbeit, Partnerschaft, Freizeit, Freundschaften, deine Berufung. Du wirst sehen, dann lösen sich Sorgen leichter. Du bestimmst in der neuen Zeit, was mit dir geschieht. Und ich betone es immer wieder gern: Bitte deine geistige Führung in dein Leben. Sie kann dir helfen, die Leichtigkeit zu leben. Sie hilft dir auch, deine Sorgen zu lichten, transparent zu machen und letztlich zu transformieren. Rückt näher zusammen in der Neuen Zeit, unterstützt euch gegenseitig, seid in Liebe, Humor und Leichtigkeit. Das ist kosmische Liebe, die hilft, mit sich und den anderen in Klarheit zu sein.

Die neue Art, sich dem Leben zu öffnen

Euer Leben hat bislang einen Weg genommen, der ziemlich vorherbestimmt war. Vielleicht war es euch gar nicht bewusst, nach welchen Schemen ihr euer Leben ausgerichtet habt. Das beginnt bei der Geburt. Deine Mutter hat dich geboren, genährt, dir den Weg gewiesen, so wie sie es gelernt hat. Gewisse Archetypen, Verhaltensmuster, die seit allen Erdenzeiten bestimmend waren, sind die Wegweiser für euer Leben. Dann hattest du in jeder Inkarnation dein karmisches Imprint, das dein Leben erheblich geprägt hat.

Stell dir vor, du hast, bevor du auf die Welt gekommen bist (dieses Mal oder jedes vorherige Mal), in der Höhle der Schöpfung mit den Hütern des Karmas und deinen Schutzgeistern zusammengesessen und dein nächstes Leben geplant. Du, der du jetzt ein Lichtarbeiter bist (sein wirst), hast dir ein besonders großes Päckchen gepackt für dieses Erdenleben. Du wolltest dieses Mal vieles erledigen, was sozusagen auf deinem Lehrplan stand. All die vielen Leben, die du schon erlebtest, haben einen bestimmten Lehrplan befolgt. Viele, viele Themen galt es zu bearbeiten. Das ist für jede

Seele gültig, die sich bereit erklärt hat, auf diesem Planeten zu sein. Nun, in dieser Inkarnation hast du vielleicht besonders viel in dieses Päckchen gepackt, weil du beschlossen hast, in dieser Inkarnation eine Menge abzuarbeiten, um an dem eventuell bevorstehenden Aufstieg teilzunehmen.

Du hast gewusst, bevor du diesmal kamst, dass mit der Erde (wahrscheinlich) etwas ganz Besonderes passieren würde und warst sozusagen gewappnet. Du wolltest dabei sein, wenn die Erde in die Neue Zeit geht und hast all dein Karma zusammengestellt, das noch »offen« war.

Viele alte Seelen sind jetzt auf die Erde gekommen, die schon weit entwickelt sind, um sich zu transformieren. Du, die du das hier liest, bist eine alte Seele, eine Seele, die nun aufsteigen möchte.

Deshalb liest du dieses Buch und interessierst dich auch für andere Informationen zum Thema Aufstieg. Viele meiner Freunde und Gesellen channeln Botschaften dieser Art auf die Erde. Es ist an der Zeit.

Jetzt hast du die Möglichkeit, in ein neues wahres Leben hineinzugehen. All die vielen Inkarnationen können nun ein Ende finden. Du hast dich so weit entwickelt, dass du dein Karma transformieren und ein neues Leben beginnen kannst. Sei frei von Altem, öffne dich dem eigentlichen Leben. Stell dir vor, es öffnet sich vor dir ein Leben ohne Angst, ohne Selbstzweifel, ohne energetische Bindungen, die aus alter Zeit stammen.

Die kannst du jetzt auflösen. Begib dich in die Neue Energie, löse deine Altlasten und lebe ein neues Leben, ein Leben in Liebe und Verständnis. Verständnis für dich, Verständnis für die anderen, die nächsten, mit denen du eng verbunden bist, denn ihr seid letztlich und endlich alle eins, ihr stammt alle aus dem Schoße des Einen.

Lebe dein freies Leben mit offenen Augen, mit offenem Herzen, mit offenem Blick für »alles, was ist«.

Wer ihr seid, und die Art und Weise eurer Arbeit

Es ist nicht so, liebe Freunde, dass alles, was ihr an Mustern, Erfahrungen und Karma in dieser Zeit erlebt, aus den verschiedenen Leben der Erdenzeit stammt. Einiges resultiert auch aus der Zeit, bevor ihr als Helfer für den Aufstieg der Erde hierherkamt. »Wie geht das?«, fragst du. Es hat seine Wurzeln in einer alten Zeit vor dem Leben auf der Erde. Du bist eine Bewusstseinseinheit, die auf die Erde gekommen ist, um jeder Seele zu helfen, sich weiterzuentwickeln. Jede Seele, die hier auf der Erde inkarniert ist, befindet sich sozusagen auf der Durchreise. Ihr kommt von weit her, um diese Erfahrungen hier zu machen. Man könnte auch sagen, hier möchte sich die Quelle (Gott) selbst erfahren, und du bist ein Stück dieser Quelle. Du bist ein Stück des Schöpfers, ein Stück von Gott.

Du als Stück der Quelle hast dich bereit erklärt, der Quelle die Möglichkeit zu geben, die Schwingungen, die Reife des Universums zu erweitern. Dafür wurde unter anderem die Erde geschaffen. Du hast Schlange gestanden, als gefragt wurde: Wer ist dabei bei diesem Experiment, dem Dritte-Dimensions-Projekt, dem

Dualitäts-Projekt ERDE? Wer ist dabei, um zu lernen und mit seinen Lernerfahrungen die Schwingungen der Erde und die Schwingungen des gesamten Universums zu erhöhen? Denn das ist es. Ihr erhöht durch eure »Arbeit«, durch eure Inkarnationen die Schwingungen der Erde und des gesamten Schöpfungsbereiches. Habt ihr gewusst, wie weitgreifend eure spirituelle Entwicklung ist?

Ihr schafftet Karma, um der Erde und vielen anderen behilflich zu sein.

Du bist also nicht von hier, so könnte man es einfach ausdrücken. Du hast einen Samen in dir von einem anderen Sternen- oder Planetensystem. Deine Schwestern und Brüder aus einem anderen Bereich dieser Schöpfung haben dir ihren Samen zur Verfügung gestellt, damit du hier »deinen Dienst« verrichten kannst. Verstehst du nun, lieber Mensch?

Das bist du. Das ist deine Aufgabe. Wenn du dir diese Art zu denken aneignest, wird dein Leben einfacher vonstattengehen. Du wirst verstehen, viel verstehen, und das ist die Aufgabe, die KRYON hat und viele andere *meiner* Schwestern und Brüder – euch zu helfen, zu erkennen, wer ihr seid.

Für euren wichtigen Dienst, euere Weiterentwicklung fordere ich euch auf, betretet euren goldenen Raum des Höheren Selbst, nehmt den goldenen Thron ein. Seid euch bewusst, wer ihr wirklich seid. Erkennt euch selbst!

Seid euch bewusst, dass nun eine Neue Zeit – ihr nennt es das Wassermannzeitalter – angebrochen ist, in der sich vieles verändert. Ihr wandert mit dem gesamten Sonnensystem in eine andere Umlaufbahn Richtung Zentralsonne, Richtung Quelle. Und wer ist die Quelle? IHR seid es!

Alle diese Inkarnationen sind also Lernaufgaben, um der Entwicklung zu dienen. Nun ist es durch die Gnade des EINEN, durch die Quelle, möglich, sich von altem »Arbeits-Karma« (Ursache und Wirkung) zu befreien. Ja, ihr habt es richtig gehört: Es ist möglich, sich von Altem zu befreien durch die Absichtsaussprechung für die Neue Energie. Diese Energie ermöglicht es euch, in der Neuen Zeit intensiv, aktiv als Lichtarbeiter teilzunehmen.

Ein Lichtarbeiter übernimmt verantwortungsvoll seine Aufgabe im spirituellen Entwicklungszyklus, der nun ansteht auf dem Planeten Erde, den ihr zurzeit belebt. Und die Auflösung des alten Karmas ist ein wichtiger Punkt, um eine klare Entwicklung mitzumachen, eine Erweiterung der Sichtweise, eine Klärung der alten Strukturen. Die Erde steigt auf, geht weiter in ihrer Entwicklung. Seid dabei und erlebt die Neue Zeit: Den Lichtkörperprozess.

Die menschlichen Süchte

Wie dieses Wort *Sucht* schon sagt, hat es etwas mit *suchen* zu tun. Alle, die irgendeiner Sucht »zum Opfer gefallen sind«, sind auf der Suche. Auf der Suche nach Gott, nach der Quelle, nach allem, was ist.

Erstaunt euch das? Der Mensch, die Seele, die in der Sucht sucht, hat den Kontakt zu sich selbst verloren und ist in tiefer Trauer. Jede Seele, die sucht, weiß: Etwas in mir fehlt. Etwas in mir ist nicht vollkommen. Ja, so ist es. Ihr sucht, wenn ihr euch der Sucht hingebt. Eine intensive Suche nach sich selbst, nach dem göttlichen Funken.

Es gibt viele Süchte, viele Arten, sich zu betäuben. Aus Verzweiflung heraus, dass etwas in einem fehlt, nicht da ist, nicht ansprechbar ist, fragt diese verzweifelte Seele: »Warum bin ich auf dieser Erde? Was soll ich hier?«

Viele Süchtler sind Menschen, die sich auch nicht so recht eingliedern können in ihre Umwelt. Sie erkennen instinktiv, dass das, was Menschen, Medien, Kirchen, andere Institutionen an Lebensthesen verbreiten, nicht stimmig sind. Sie fühlen sich nicht wohl in dem, was den Sinn des Lebens ausmachen soll. Sie sind an diesen Grundwertvorstellungen gescheitert, aus dem Gefühl heraus, dass das nicht alles gewesen sein kann, warum sie auf der Erde sind. In tiefer Liebe gesprochen sind also diese Süchtigen geehrte Wesen. Sie spüren, so kann das Leben nicht gedacht sein, das hat der EINE nicht als den Sinn des Lebens uns gegeben.

Viele Süchtige zweifeln auch an dem Göttlichen. Und wenn man mit ihnen von ihrem göttlichen Kern spricht, sagen sie oft spöttisch: »Der ist wohl bei mir nicht vorhanden.«

In jedem von euch ist die Quelle repräsentiert. In jedem!

Die Entwicklung der Menschheit erlebte, wie schon oft beschrieben, den tiefen Weg in die Materie. Das Höhere Selbst und die Körperlichkeit haben sich vor langer Zeit voneinander getrennt. Die Seele hatte den Wunsch, die Materie bis ans Äußerste zu erfahren. Ihr wolltet in diesen Erdinkarnationen erfahren, wie es ist, ganz von dem göttlichen Funken getrennt zu sein. Nun erwacht ihr und schaut euch um, werdet eigenverantwortlich und erkennt.

Es gibt viele Süchte. Ihr neigt dazu, bestimmte Süchte als asozial zu bezeichnen. Das solltet ihr nicht tun. Verurteilt diese Aspekte der Dualität nicht. Sie gehören zur Entwicklung auf diesem Planeten.

Wenn jemand Alkohol trinkt, Heroin spritzt oder sich mit Tabletten berauscht, ist es genau so als »Such«-mittel zu erkennen, wie Harmoniesucht, Essstörungen, Kaufsucht, Streitsucht und anderes. Ein jegliches Auf-der-Suche-Sein ist gleichwertig und stört das Allgemein-Befinden, stört die Harmonie. In jedem von euch steckt diese Suche. Rümpft also nicht die Nase, sondern versucht zu verstehen. Helft dieser Seele, wieder in ihre Mitte zu kommen. Ehrt und respektiert, dass sie auf der Suche ist. Gebt ihr Stärkung und erkennt, dass viele der Mittel, die übergeordnete Stellen anbieten, nicht ausreichen. Heilt ihr 1 : 1, erweckt ihr spirituelles Wachstum. Ermuntert sie, ihre spirituelle Quelle zu finden, ihr Höheres Selbst und ihren Geistführer anzuerkennen und regelmäßig zu meditieren, den Kontakt nach innen zu pflegen. Das ist die wahre Hilfe. Nichts anderes hilft, die Sucht zu beenden. Diese Art der Lebenshilfe ist nicht einfach und erfordert viel Geduld. Geehrt sind die Menschen, die diese Sichtweise erkennen und zur Verfügung stehen für ihre Schwestern und Brüder.

Stellt euch nicht über Menschen, die Süchte entwickeln. Wahrscheinlich seid ihr selbst in irgendeiner Form auf der Suche. Beobachtet euch gut.

Oft werde ich gefragt: »KRYON, was soll ich tun? Ich versuche das Rauchen aufzugeben, aber es klappt nicht. Auf mein geliebtes Glas Wein möchte ich auch nicht so gern verzichten. Behindert es meine Weiterentwicklung?«

Seid in Gelassenheit, liebe Freunde.

Wenn du immer noch an deiner Zigarette festhältst und dein Glas Wein dich so gut beruhigt, oder der Fleischgenuss noch nicht abklingen mag, hab Verständnis für dich, für deine Entwicklung. Irgendwann wirst du die letzte Zigarette rauchen, kein Fleisch mehr essen und nicht mehr im Kaufrausch sein. All das kommt von ganz allein. Es macht keinen Sinn, es zu verdammen. Damit entwickelt ihr nur schlechte Gedanken und Unbehagen.

Überlass es deiner Führung, deinem Höheren Selbst, dich von all diesen Belastungen zu befreien. Es gehört zu deiner Entwicklung. Ich sage dir, es ist besser, den Mittelweg zu wählen. Wenn du zurzeit noch nicht frei bist, nimm es entspannt an und sage dir: Ich lasse es irgendwann los; ich weiß es.

Und dann: Genieße alles, als sei es das letzte Mal, denn das Schlimmste am »verbotenen« Genuss sind die Selbstvorwürfe, die schlechten Energien und Gedanken, die du dir selbst machst, wenn du – in deinen Augen – wieder einmal »versagt« hast.

Sei gut zu dir, verzeihe dir und sage: Bald schaffe ich es, loszulassen, bald. Aber schicke deinen Körpern – allem, was du bist – keine negativen Gedanken und Kräfte.

Sei in Liebe mit dir und deinen Süchten, dann gehen sie bestimmt – in Liebe!

Das Höhere Selbst

Ihr seid davon überzeugt, ein Ganzes zu sein.

Wirklich? Ich sage euch, das, was ihr hier auf der Erde von euch selbst wahrnehmt, ist ein kleiner Teil von euch. Ein ganz kleiner Teil. Diesen Teil nehmt ihr mit euren irdischen Augen wahr. Das, was euch wirklich ausmacht, ist aber nicht für das irdische Auge wahrnehmbar – noch nicht. Mit der Kirlian-Fotografie ist es zwar seit einiger Zeit möglich, die Aura eines Menschen auszumachen. Aber auch die lässt nicht erkennen, was ihr wirklich seid.

Was macht eine menschliche Wesenheit aus?

Ich möchte hier nicht über die verschiedenen Körper sprechen, die um euren materiellen Leib geformt sind, den emotionalen, den mentalen, den spirituellen Körper etc. Darüber gibt es ausführliche Literatur. Ich möchte euch Mut machen, selbst herauszufinden, wer ihr seid. Nehmt euch wahr in eurer Gesamtheit. Versucht, Kontakt aufzunehmen zu all den Teilen von euch, die ihr nicht sehen könnt.

»Wie?«, fragt ihr. Ich sage euch, horcht in euch hinein. Versucht, ganz in euch hineinzufühlen, tief hinein. Das ist möglich durch die Meditation. Lange Meditationen sind nicht nötig.

In der alten Energie war es notwendig, lange zu meditieren. Jetzt ist es anders. Jeden Tag kleine Phasen des »In-sich-Hineingehens«, so wie es die Neue Energie möglich macht, sind ausreichend. Erinnert ihr euch: Der Schleier zum Jenseits ist gelüftet. Es ist nun für alle weit entwickelten Seelen möglich, Kontakt zur geistigen Welt aufzunehmen. Besucht den Teil von euch, der immer Kontakt zur Quelle gehabt hat, zu allen Zeiten, während all eurer Inkarnationen: Besucht euer Höheres Selbst. Es ist der göttliche Funke, den jedes Wesen in sich trägt.

Hier eine kleine Idee, wie ihr leicht und effektiv in die göttliche Verbindung hineingehen könnt. Ich höre Stimmen, die sagen: »KRYON, ich habe zwei Kinder, einen Job und einen Haushalt. Wie soll ich da noch meditieren?« Zwei- bis dreimal am Tag eine viertel bis halbe Stunde kann jeder von euch für dieses wunderbare Erlebnis aufbringen.

Hier ein Vorschlag, wie ihr nach innen gehen könnt:

Begebt euch an einen ruhigen Ort und schließt die Augen. Geht auf eine kleine Erlebnisreise. Das kann zum Beispiel eine Wiese sein, die ihr aufsucht, eine wundervolle Wiese. Geht diese Wiese entlang und schaut euch um. Öffnet euer inneres Auge. Versteht, das innere Auge sieht anders als das äußere. Die inneren Bilder sind oft nicht so scharf wahrnehmbar, vielleicht erfühlt ihr die Dinge auch »nur«, die vor eurem inneren Auge erscheinen. Bei jedem Menschen ist es anders, denn jede Entwicklung ist unterschiedlich. Dann begebt euch vielleicht zu einem Haus, das am Ende dieser Wiese steht. Bekundet die Absicht, dort in diesem Haus euer Höheres Selbst zu treffen. Verlasst euch darauf, es wird da sein. Vielleicht stellt dein Höheres Selbst sich in Form eines Lichtes dar oder es ist eine Gestalt, vielleicht auch ein Symbol. Begrüße dein Höheres Selbst und lasse die wundervolle Energie auf dich wirken.

Wenn du mehr Kontakt aufnehmen möchtest, wenn du fühlst, dass du dazu bereit bist, bitte dein Höheres Selbst um eine Botschaft. Die Botschaft wirst du durch Gedankenströme wahrnehmen, die in deinen Kopf hineinfließen. Es ist, als wären es deine Gedanken. Erwarte keine laute Stimme. Aber du spürst, dass es andere Gedanken sind, die jetzt aufkommen. Dies zu beschreiben ist nicht in Worte fassbar. Das Wichtigste ist, dass du Vertrauen hast. Das ist die Liebe, die Eigenliebe, die dafür wichtig ist, von der ich sprach (siehe Kapitel Nächstenliebe). Vielleicht klappt der Kontakt nicht gleich beim ersten Mal. Aber du weißt ja, Übung macht den Meister.

Und um die Meisterschaft geht es bei all diesen Lichtarbeiterattributen. Du bist dabei, dich zu einem Aufgestiegenen Meister zu entwickeln. So, wie es viele vor dir getan haben. Die, die euch heute zur Seite stehen bei all euren Lichtaktivitäten, Meister wie Jesus (Sananda) Christus, Saint Germain, Mutter Maria, Lady Nada, Konfuzius und viele mehr.

Es ist ein heiliges Moment, diese Begegnungen mit dem Höheren Selbst. Ihr werdet fühlen: Eine unsagbare Liebe strömt in euch hinein. Besucht diesen heiligen Ort so oft wie möglich, damit ihr mehr über euer Selbst erfahrt. Der Besuch sollte zu einem Ritual werden, wie die tägliche Nahrungsaufnahme. Euer Höheres Selbst ist die Instanz, die alles weiß und euch durch alles führen kann. Wann immer euch Sorgen plagen, öffnet euren inneren Raum, besucht eure Führung. Das ist der Weg, näher zu sich zu kommen, sich zu erkennen, wer man wirklich ist.

Wann immer du dich nicht wohlfühlst, einsam, nicht geliebt, suche diesen Raum auf und lasse dich dort in die allumfassende Liebe hüllen. Spüre die Quelle der Liebe.

Später, wenn der Kontakt zu deinem Höheren Selbst stabil ist, wirst du feststellen, dass deine Innere Stimme – denn das ist dein Höheres Selbst – für dich auch zwischen den Meditationen wahrnehmbar ist. Einfach so, mitten im Leben, sogar beim Essenkochen oder ähnlichen täglichen Aktivitäten.

Dein Höheres Selbst weiß übrigens auch, welche Nahrung dein Körper braucht. Vielleicht möchtest du dich beim Lebensmitteleinkauf von deinem Höheren Selbst inspirieren lassen?

Dein Höheres Selbst weiß alles, was du je erlebt hast, in der Vergangenheit und in der Zukunft noch erleben wirst, wie ihr es in eurer Zeitwahrnehmung nennt. Es steht dir gerne Rede und Antwort. Und:

Binde dein Höheres Selbst in deine Co-Kreation mit ein. Es ist der Teil von dir, der weiß, was für dich richtig ist.

Nächstenliebe

Du wirst sagen: »Lieber KRYON, ich liebe doch meine Nächsten. Ich liebe die, die um mich herum sind. Ich gebe alles, was ich ihnen geben kann.«

Es ist nicht das, was ich meine. Ich meine die wahre Nächstenliebe, den anderen zu verstehen, den Nächsten so zu lieben wie sich selbst.

»Das ist nicht einfach«, wirst du sagen. »Der eine oder andere tut mir weh. Wie kann ich da in Liebe sein zu meinem Nächsten?«

Das will ich versuchen, dir zu erklären, liebe Freundin, lieber Freund.

Ich will dir sagen, dass es damit beginnt, dass du mit dir selbst im Reinen bist, dass du mit dir selbst in Liebe bist, in tiefer Liebe. Das ist das, was ich Eigenliebe nenne. Eigenliebe für dich selbst. Verstehen, wer du bist, wer du *wirklich* bist. Erkenne dein Dasein, deine verschiedenen Körper, deinen Kern. Wenn du erkannt hast, welches multidimensionale Wesen du wirklich bist, dann wirst du irgendwann in Liebe mit dir sein. Und dann kannst du auch in Liebe mit anderen sein. Versuche, herauszufinden, wer du wirklich bist. Dazu möchte ich dich immer wieder aufrufen. Geh in den Goldenen Raum hinein, verbinde dich mit deinem Höheren Selbst und arbeite mit allen Schichten deines Daseins, mit deinem Inneren Kind, vielleicht auch mit deiner Inneren Mutter, deinem Inneren Vater.

Es gibt viele Ebenen des inneren Seins, die du besuchen kannst, um herauszufinden, wer du wirklich bist. Verbinde dich auch mit den Schichten, die dir vielleicht nicht so angenehm sind. Das können verschiedene Ängste sein. Das können auch alte Verhaltensmuster sein, Muster aus einer alten Zeit, die trotz der Karmaauflösung immer noch ein wenig mit dir arbeiten, die dich beeinflussen und dich behindern, ganz im Fluss zu sein.

Alle diese Dinge solltest du abarbeiten. Abarbeiten, indem du mit ihnen sprichst und dich mit ihnen auseinandersetzt. Und so kannst du dich langsam mit dir selbst auseinandersetzen, herausfinden, welche Sorgen zum Beispiel dein Inneres Kind noch mit dir hat. Vielleicht bist du nicht frei genug, vielleicht spielst du nicht genug, vielleicht bist du nicht einfach Kind genug. All das kannst du lernen und aufarbeiten in deinen inneren Welten. Wenn du deine inneren Welten ergründet hast, wenn du sie in tiefer Liebe verstehst, wenn du dich geöffnet hast für das gesamte Sein, für all das, was du wirklich bist, dann wirst du merken, dass eine Liebe in dir entsteht, eine Eigenliebe, eine wahre Liebe, die Liebe zu der Schöpfung allgemein. Du wirst verstehen und erkennen, und du wirst sagen: »Ja, jetzt weiß ich, wie das alles funktioniert.«

Wenn dir die Zusammenhänge klar geworden sind, wie es in deinem Inneren funktioniert, dann wirst du auch alles andere verstehen können, unter anderem auch, wie der Kosmos funktioniert, aber natürlich auch, warum deine Lieben, die um dich herum sind, eventuell nicht mit dir im Einklang sind. Sie haben ihren eigenen Entwicklungsprozess, und du wirst ihnen nun behilflich sein können. Denn wenn du in tiefer Eigenliebe zu dir bist, dann wirst du auch die Nächstenliebe empfinden können, die dafür erforderlich ist. Dann wirst du dich für den Nächsten öffnen, ihn verstehen, erkennen und sagen: »Ja, das ist mir auch passiert. Ich weiß, was da los ist. Da kann ich bestimmt behilflich sein.«

Öffne dich für dich, lerne an dir. Dann wirst du auch in der Lage sein, anderen Menschen zu helfen. Das ist es, was wir die allumfassende Liebe nennen, vereint sein mit allem, zu erkennen, dass ihr letztlich und endlich alle aus derselben Quelle kommt und zusammengehört. Nur so ist eine Entwicklung, ein Aufstieg möglich.

Was geschieht mit der Erde?

»KRYON, was geschieht mit der Erde? Ich fühle, dass viel passiert. Die Zeit geht schneller, so spüre ich es. An manchen Tagen fühlt sich alles so schwer an. An anderen Tagen geht mir vieles leichter von der Hand. Oft denke ich, die Menschen werden wie von Zauberhand geführt. Was geschieht mit unserer Erde? Müssen wir Angst haben?«

Angst gehört zur alten Energie. Jedenfalls die meisten der Ängste, die zu eurem täglichen Leben gehörten. Durch die Neue Energie darf vieles der alten Angst gehen. Natürlich bleiben Angstmomente in eurer Erdenzeit vorhanden; das gehört zur Dualität. Die Erde ist ein Schulungsplanet der durch die Dualität geprägten Lerneinheiten. Durch die Neue Energie sind die karmisch geprägten alten Ängste, die oft mit Erinnerungen alter Zeiten verknüpft waren, verschwunden. Angstansätze, Tendenzen sind grundsätzlich da. Nur – durch die Anbindung an die geistige Welt, deren Hilfe und deine Klärung der Altlasten (Karma) sind Ängste sehr viel weniger vorhanden und leichter zu durchstehen. Erinnere dich bei Angstsituationen an deine neuen Attribute (Werkzeuge, zum Beispiel Co-Kreation etc.) und Potenziale. Verbinde dich mit deinem Höheren Selbst, gehe in deine Mitte, und deine Angst wird langsam transformiert. Du wirst klar erkennen, warum du diese Gefühle hattest, und ihrer Herr werden, denn du bestimmst in der neuen Zeit, was mit dir passiert.

Die Erde geht mit dem gesamten Sonnensystem in eine neue Umlaufbahn, eine Umlaufbahn in Richtung Zentralsonne. Stellt euch vor, die Erde kippt ein wenig, nimmt eine andere Umlaufform an. Die Richtung des Magnetgitters hat unter anderem auch die Funktion, der Erde dabei zu helfen. Die Erde verändert ihre Bahn und gleicht sich somit der Entwicklung dieses eures Sonnensystems an. *Alle* Planeten dieses Systems erhöhen ihre Schwingungen, gleichen sich – wie es für sie passend ist – an. *Alle* Planeten erfahren eine Umwandlung und Transformation. Jeder auf seine Art und Weise.

Seit Kurzem befindet ihr euch im Photonengürtel – das ist eine Lichtessenz besonderer Art, die bestimmte Schwingungsfrequenzen freisetzt. Die Erde hat nun die Möglichkeit, sich immer mehr, Stück für Stück, anzunähern. Attribute werden der Erde zugeführt, die den Aufstieg beschleunigen. Die Erde ist nicht zum ersten Mal in diesem Photonengürtel. Alle zirka 26 000 Jahre erreicht sie diese Entwicklungsphase und kehrt immer wieder, wenn die Erde das – wie ihr es nennt – Wassermannzeitalter durchquert.

Diese Phase des Durchquerens des Photonengürtels dauert bis 2012 an. In dieser Zeit geschehen viele

Dinge mit euren Strukturen und den Strukturen der Erde. Transformation ist angesagt. Alle Zellen, Strukturen, Formen erfahren eine Wandlung, eine Reinigung, eine Zellklärung. Zum ersten Mal seit Anbeginn ist die Erde diesmal bereit, einen Dimensionswechsel zu erfahren. Ihr verlasst die dritte Dimension und geht in eine – so drückt ihr es aus – fünfte Dimension. Ich sagte es schon, in eurem Orbit, in eurer Nähe sind viele Bewunderer und Zuschauer, die sehen möchten, was mit der Erde wie und wann passiert. Ich erinnere daran: Ihr bestimmt den Verlauf der Entwicklung. Sie hängt mit eurer persönlichen Entwicklung zusammen. Also seid euch endlich eurer selbst bewusst. Erkennt eure Größe, die Macht, die Dinge zu verändern. Ihr bestimmt, was geschieht!

Alle Gefühle der beschleunigten Zeit, der Unruhe, der Lichterfahrung sind Attribute dieser Entwicklung und sollten euch keine Angst bereiten. Ihr gleicht euch auch dieser Situation an, nicht nur die Mutter Erde. Natürlich sind alle großen Veränderungen auch mit Veränderungen eures Daseins verbunden. Veränderungen der verschiedenen Schichten und Körper, die euch ausmachen, können Schmerzen, leichte Sich-nicht-wohlfühl-Krankheiten, die keiner diagnostizieren kann, extreme Feinfühligkeit, schlechtes Sehen, vermindertes Hören etc. mit sich bringen. Vertraut den Helfern um euch herum. Sie werden, soweit es möglich ist, Linderung schaffen. Fürchtet euch nicht.

Viele Helfer sind zur Erde gekommen; die Zahl der Helfer ist gestiegen, um an diesem wunderbaren Ereignis teilzunehmen.

Ich berichtete darüber, dass einige Platzhalter schon gegangen sind, um euch die Fackel zu übergeben. Vieles wird noch mehr in dieser Richtung geschehen. Horcht nach innen. Eure geistige Welt hat noch mehr Informationen für euch.

Es stehen auch viele Brüder und Schwestern von anderen, in Liebe wandelnden Planetensystemen sozusagen neben euch, um viele Details dieser neuen Zeit direkt zu übermitteln.

Öffnet euch der geistigen Welt.

Und noch eine Information für euch: Kommuniziert doch einmal mit der Mutter Erde. Sie ist auch gerne bereit, euch viele Dinge direkt zu erklären. Euer Kanal ist geöffnet, pflegt ihn auch mit der Mutter Erde. Sie ist in tiefer Liebe zu euch und freut sich über jeden Kontakt der Menschen zu ihr; sie steckt in einem besonderen Prozess. Interessiert euch dafür.

Habt ihr gedacht, die Erde sei hohl oder einfach nur aus Stein und anderen Materialien? Ich sage euch: Die Erde lebt! Sie hat ein eigenes Innenleben mit Bewusstseinsebenen ganz besonderer Art. Das, was ihr Nord- und Südpol nennt, sind Eingangstore, Tore in eine eigene Welt. Ich spreche hier nicht von den Pol-Veränderungen; das ist ein anderes Thema. Nutzt eure geistigen Fähigkeiten. Wundert euch nicht, wenn eines Tages Wesen aus dieser inneren Welt nach oben kommen, um euch die Hände zu schütteln. Sie leben in einer anderen Dimension. Sie sind da schon seit langer, langer Zeit. Sie warten darauf, dass ihr endlich so weit seid, so weit entwickelt, dass sie Kontakt zu euch aufnehmen können. Erschreckt es euch?

Denkt nicht wie ein Mensch! Erinnert euch, wer ihr seid!

Helft der Erde bei ihrem Prozess. Meditiert. Schickt ihr in Gruppenmeditationen Kraft und Liebe. Die Erde löst sich von all dem Missbrauch, den man ihr antat. Denkt an all die Versuche, die auf und in der Erde gemacht wurden. Atomkraft und andere Dinge wurden und werden dort auch weiterhin getestet. Wenn ihr glaubt, sie seien weniger geworden, irrt ihr. Diese vielen Versuche, es sind noch andere Energietests dazugekommen, finden weiterhin statt. Tests mit größter Zerstörungskraft, geprägt durch die Unwissenheit der Menschen, die solche Versuche veranlassen. Mutter Erde wehrt sich und erbittet eure Unterstützung.

Habt ihr gewusst, dass es außer den erwähnten Polen auf der Erde weitere Zugänge gibt, die ins Innere der Erde führen? Ja, eure Ahnung ist richtig: Ein Eingang befindet sich unterhalb der Cheopspyramide.

Seid euch der Ganzheit der Erdexistenz bewusst. Verlasst die Vorstellung, die Erde sei eine Kugel, die euch rein zufällig ein Zuhause bietet. Meditiert über die Ganzheit.

An alle Heiler

Ich spreche zu denen, die offiziell nach außen einen heilerischen Beruf ausüben. Vielleicht bist du ein Mediziner, ein Heilpraktiker oder ein Therapeut, massierst die Menschen, reparierst ihre maroden Zähne, tust ihrer Seele Gutes. Natürlich sind auch alle anderen Menschen, die auf ihre Art und Weise anderen helfen, in ihre eigene Mitte zu kommen, Heiler. Das kann eine Mutter sein, ein Nachbar, eine Kindergärtnerin, ein Lehrer. Es ist ja bekannt, dass alle körperlichen Übel im Geiste beginnen.

Ihr, die ihr beruflich praktiziert, euch teile ich mit, dass natürlich bei all den Veränderungen mit dieser Erde, mit Terra, mit Gaia, mit den Menschen, die auf ihr und mit ihr leben, eine Veränderung des Geistes stattfindet. Viele alte, erlernte Dogmen, Erfahrungen, altes Wissen der Mediziner und anderer Heilkundler greifen nicht mehr so recht. Natürlich sind Chirurgen weiterhin notwendig, wenn es gilt, ein gebrochenes Körperglied wieder zu stabilisieren, zu richten, Körperwunden zu reinigen etc. Und auch andere neue Therapien sind ohne Zweifel sinnvoll. Aber der Heilungsprozess findet auf einer anderen Ebene statt, im Geist. Der Heiler kann gut körperliche Hilfe leisten, aber nicht heilen. Der Geist muss geheilt werden. Vieles, was euch belastet, stammt aus alten Zeiten.

Vielleicht hat der Patient irgendwann einmal in einem anderen Leben einen Stoß ins Herz bekommen. Und diese Erfahrung ist noch nicht erlöst. Das Herz schmerzt dann, wenn er wieder in eine ähnliche Lebenssituation, die diesen Stoß auslöste, kommt. Was ist zu tun? Der Mensch kann es laufen lassen, sich abwenden, Tabletten schlucken, aber das Prinzip wird nicht gehen. Es bleibt.

Ihr, die ihr Heiler seid, versucht, den wahren Grund für den Schmerz eures Patienten zu ergründen. Wo liegt die Wurzel? Euch wird geholfen, dem Menschen zu helfen.

Die wirkliche Heilung liegt im geistigen Bereich. Karmaauflösung befreit von tief sitzenden Altlasten, die euch immer noch als Mensch belasten. Wenn das Karma durch die Neue Energie erlöst ist, sind allerdings oft noch alte Verhaltensmuster, die noch stimulieren, vorhanden. Finde du, durch den Kontakt zu deinem Geistführer, der dich bei deiner Heilarbeit begleitet, und mithilfe deiner Intuition heraus, ob du bei der Karmaauflösung helfen darfst, ob es an der Zeit ist, dem Menschen zu helfen, oder ob das karmische Wirken noch nicht aufgelöst werden darf, weil der Mensch noch nicht so weit ist. Verstehst du die Zusammenhänge? Manchmal kannst du durch deiner Hände Arbeit viel bewirken. Erkenne, wie das Universum funktioniert.

Bedenke, die Erde ist ein Planet, der in der Dualität lebt und den du aufgesucht hast, um in dieser Dualität zu lernen. Alte Verhaltensmuster haben etwas mit Lernaufgaben zu tun, die du wähltest, neben dem Karma, bevor du auf die Welt kamst. Vielleicht hängt es mit Erfahrungen aus deiner Kindheit zusammen, vielleicht mit deinem Partner, etc.

Geistige Heilung kannst du unterstützen.

»Wie?«, wirst du fragen. Durch verschiedene Hilfsmittel der Neuen Zeit. Denn es ist wie ein Puzzle. Viele Dinge helfen, wenn sie zur rechten Zeit eingesetzt werden.

Was sind diese Hilfsmittel? Vergiss dabei nicht: Alles ist Schwingung. Ich nenne euch einige helfende Substanzen und Energien:

Zum Beispiel lebende Mikroorganismen. Sie wurden durch »Zufall« von einem japanischen Forscher, der ein weises Wesen ist, entdeckt. Die Zeit war reif. Diese Mikroorganismen säubern Organismen von vielen Fremdstoffen und klären alte Muster und eine höhere Dimensionsarbeit im geistigen Bereich. Sie klären den Darm und die dazugehörigen Organe, die ein wichtiges menschliches Organ zur Reinigung und Klärung sind. Hier werden auch alte Muster verabschiedet. Außerdem leisten diese Mikroorganismen gute Dienste bei der Transformation verseuchter, verstrahlter, nicht mehr gut arbeitender Böden und Äcker.

»Ein Mittel für alles?«, fragt ihr. Ja, alles ist miteinander verbunden. Ein spannendes Thema.

Das, was ihr als homöopathisch kennt, greift tief in alle Schichten, wobei es manchmal – und da fragt bitte euren Geistführer – besser ist, wenn der Patient mitten in einem Prozess steckt, auf Mittel zu verzichten. Später, zum Aufbau, sind sie dann empfehlenswert.

Verschiedene Energiearbeiten, die das elektromagnetische Feld, das ihr seid, effektiv ausrichten, sind sehr hilfreich. Greift auch zu anderen hilfreichen Unterstützern – zu Kristallen. Sie speichern, wie in alter Zeit in Lemurien und Atlantis, wertvolle Informationen, die weitergereicht werden. Arbeitet mit Farben und Essenzen. Die Geometrie (in der Mathematik die Lehre vom Raum) ist eine göttliche Wissenschaft. Arbeitet mit ihr, arbeitet mit Symbolen, erkennt ihre Kraft.

Versetzt euch kraft eures Geistes in den Körper des Menschen, der Heilung sucht, sprecht mit den geschwächten Organen und Körperstellen. Sprecht mit den Zellen. Schaut hinein, was ihnen fehlt. Je mehr ihr erkennt, dass ihr ein Lichtwesen seid und auch so arbeitet, je mehr werden euch geistige Heil(sicht)weisen zugänglich.

Entstört eure Wohn- und Arbeitsplätze mit euch zugänglichen Hilfsmitteln, aber wirkt auch kraft eures Potenzials. Erkennt, wie alles zusammenhängt. Ihr seid mehr, als ihr denkt.

Alles ist ein Puzzle. Und mal greift eines oder mehrere dieser Hilfsmittel und Helfer. Nur seid euch gewiss: Die geistigen Heilungshelfer, eure Geistführer, sind unentbehrlich! Sie freuen sich, euch dienlich zu sein, damit ihr erkennt, wer ihr seid.

Bedenkt auch, dass ihr sozusagen am Anfang eurer Heilerentwicklung steht. Als ich vor zehn, fünfzehn Jahren zu euch sprach, waren gewisse Informationen noch nicht reif. Es wird sich immer mehr verändern. Wartet nur ab, viele Dinge aus alter Zeit, mit denen ihr damals vielleicht selbst gearbeitet habt, werden euch wieder zugänglich gemacht.

Auch hier ist mein Hinweis wieder: Verbinde dich mit deinen Geistführern, erkundige dich: »Womit habe ich früher geheilt?« Sehr viele jetzt inkarnierte Seelen haben als Priester in diesen alten Kulturen gearbeitet. Vielleicht werden dir – je nachdem, wie weit deine Entwicklung ist – jetzt noch unbekannte Heilweisen angereicht.

Der Magnetismus liegt mir persönlich natürlich sehr am Herzen. Viele verstehen immer noch nicht, dass der Mensch letztlich aus Elektrizität besteht, aus einem elektromagnetischen Feld. Der Mensch ist deshalb natürlich auch dementsprechend strukturiert. Arbeitet mit Magnetismus. Gerade in diesem Land ist ein Gerät entwickelt worden – darauf verwies ich schon oft –, mit dem man an den Fingerspitzen feststellen kann, wie die verschiedenen Organe im Körper zueinander angeordnet sind.* Menschen, die oft reisen, spüren die Unangeglichenheit der Anordnung. Aber es gibt natürlich auch andere Gründe. Arbeitet mit Magneten. Es ist eine logische Art, Menschen in die Balance zu bringen.

Informiere dich ausführlich über diese wunderbare Art und Weise, den Körper auszugleichen, und experimentiere! Grenzen sind nur scheinbar. Vertraue auf dich. Wer fragt, dem wird gegeben.

Und – liebe Freunde – außerdem gibt es selbstverständlich geistige Heiler und Wissende. Ganze Armeen von geistigen Helfern sind dabei, alle Menschen in ihrem Prozess der Heilung und des Aufstiegs zu begleiten. Es gibt geistige Chirurgie. Was glaubt ihr, wie oft diese Helfer, wenn ihr in einer besonderen Auflösung etc. seid, euch behilflich sind.

Ein Thema liegt mir noch am Herzen. Erkennt bitte, es mag nicht für jede Seele alles passend sein. Es sind alles Attribute, welche die Selbstheilung unterstützen. Gewisse Produkte oder Arten zu helfen greifen für kurze Zeit, dann sind sie nicht mehr notwendig. Wenn ihr mit den bekannten Energiearbeiten umgeht, wenn eine Grundausrichtung vorhanden ist, reicht oft eine

---

* Alle Organe im menschlichen Körper sind elektromagnetisch, das heißt plus- oder minuspolig geladen und müssen in Balance zueinander sein. Kommt es zu einer Störung dieses Gleichgewichts, wird der Körper krank.

kurze Hilfe, um wieder in der Mitte zu sein. Erzieht eure Patienten zu Eigenverantwortung. Die Zeit der bedingungslosen Akzeptanz einer Heilungsmeinung ist vorbei. Lasst euch nicht erzählen, nur wenn ihr bestimmte Produkte kauft, könnt ihr am Aufstieg teilnehmen. Prüft ihr, die ihr Menschen helft, in die Heilung zu kommen, ob sich von außen angebotene Hilfsquellen wirklich gut anfühlen.

Wenn du in *dich* hineinfühlend arbeitest, wirst du spüren, dass sich einiges verändert. Vielleicht kommt dann der eine oder andere Patient nicht mehr zu dir. Er braucht deine Hilfe nicht mehr. Du hast ihm eigenverantwortlich gezeigt, wie er in seiner Mitte sein kann, in die Heilung schreitet. Ist das nicht wunderbar? Er wird dir andere Suchende schicken.

Aus diesem Land stammt ein Zitat einer alten weisen Seele, die heilerisch weit entwickelt war und sagte: »Wer heilt, hat Recht.«

In diesem Sinne: Öffnet euch neuen Dingen, experimentiert. Ihr seid alte Seelen. Vertraut euch!

Deutschland und Europa

Was denkt ihr, liebe Freunde, warum ihr in diesem Land, das ihr Deutschland nennt, inkarniert seid? Ihr seid hier inkarniert, um den Menschen zu helfen, ein neues Europa aufzubauen. Ein neues, geistiges Europa. Ich spreche nicht von Politik. Das ist nicht mein Sachgebiet. Geistige Transformation ist das, was notwendig ist. Du, der du hier inkarniert bist, wusstest oder hofftest, dass eine neue Zeit mit der Erde beginnt, und hast dir dieses wunderschöne Fleckchen Erde ausgesucht, um hier zu dienen.

Ich spreche nicht nur von den Bereichen, die ihr Deutschland nennt; ich meine auch angrenzende Länder – in jede Himmelsrichtung zu verstehen –, die wir als eine Einheit betrachten. Betrachtet diese Gebiete auch als Einheit, auch wenn heute noch Grenzen auf dem Papier vorhanden sind. Alles sind Länder mit starken Wurzeln und – für einige von euch vielleicht nicht erstaunlich – mit Atlantis verbunden.

Hier in diesem Bereich finden tiefe Transformationsprozesse statt, die etwas mit dem alten Atlantis zu tun haben.

Viele Informationen, ihr würdet sagen Symbole, Erd-geometrie, Schöpferwissen, sogenanntes Geheimwis-sen, kurz: Dinge aus alter Zeit sind mit diesem Land hier tief verbunden.

Auch das, was ihr als dunkel bezeichnet, fand hier seinen Nährboden, ebenso wie helle alte Wurzeln aus Atlantis.

Stellt es euch einfach so vor, dass, als Atlantis unter-ging, die hohen Weisen, egal, ob licht und hell oder dunkel und Macht besessen, vieles von ihrem Geheim-wissen transportierten. Das ging nicht nur nach Ägyp-ten, Mexiko, China etc., sondern auch nach Deutsch-land. Viele alte karmische Bewegungen – ich spreche von Ursache und Wirkung – sind hier in diesem Lande zu suchen.

Spürt ihr, dass Deutschland sich von seinem Karma löst?

Spürt ihr die tiefe Verbundenheit zu Atlantis?

Der Mensch, den ihr Rudolf Steiner nennt, war zum Beispiel oft in Atlantis inkarniert. Als hoher Weiser hat er hier im Land seine Werke und sein Wissen wie-der neu initiiert.

Ihr ahnt, oder wisst auch, dass Rudolf Steiner eine Wiedergeburt von Johann Wolfgang von Goethe war, zumindest in vielen seiner Seelenanteile. Er verstand die Kraft der Schwingungen. Er versuchte – mit der Unter-stützung der Weisen dieser Erde – Anfang des Jahrhun-derts, mehr über altes Wissen freizugeben, zu vermit-teln und eine Kultur des Verstehens wachsen zu lassen.

Er wusste von alten Riten, Symbolen, Erdzeichen, Schöpfungsverbindungen etc., die wichtig sind, um die Zusammenhänge der Erdschöpfung zu verstehen.

Nun ist es an der Zeit, offen über alle diese Dinge zu sprechen.

Und ihr spürt den Umschwung hier in diesem Land. Ihr spürt, hier passiert etwas sehr Wichtiges. Das ist korrekt.

Nun bin ich wieder beim Thema Eigenverantwortung. Wenn jeder sein Leben in die Hand nimmt und Eigenverantwortung trägt, kann ein neues Europa entstehen.

Die, die ihr Indigo-Kinder nennt, werden bald eigenverantwortlich große Veränderungen im wirtschaftlichen und sozialen Bereich einleiten. Unterstützt sie dabei!

Ihr, die ihr hier lebt, seid zum Teil alte Atlanter. Ihr wollt Atlantis heilen, und das geschieht durch Erkennen eurer Funktion in diesem Lande. Atlantis zu heilen heißt auch, Europa und Deutschland zu heilen.

Ihr werdet von hier aus langsam, Stück für Stück, dafür sorgen, dass Europa erwacht – nicht im Politischen, sondern im Geistigen. Die Aktivierung des kristallinen Gitters und eine damit verbundene Umschreibung der Erdgeschichte (siehe nächstes Kapitel) ist ein Teil dieses Heilplans. Doch ihr seid aufgerufen, mit tätig zu sein!

Ihr, die ihr euch mit der Kraft der zwölf göttlichen Strahlen auskennt, die euch geschenkt wurden, um himmlische Kräfte zum Wachstum zu nutzen, wisst bereits von der Kraft dieser Strahlen. Der siebente göttliche Strahl ist zum Beispiel der, der zurzeit viel bewirkt auf der Erde. Er ist der Strahl der Transformation und Reinigung. Damit könnt ihr wunderbar arbeiten – für euch, für andere Menschen, für Gebiete, für ganze Kontinente und Krisengebiete. Bedient euch dieses Geschenkes.

Ein Teil dieses göttlichen Strahles befindet sich im ätherischen Bereich über der Stadt Berlin. Wundert ihr euch noch über den Mauerfall? Göttliche Kräfte und Erdschöpferkräfte waren hier am Werk.

Nehmt eure Aufgabe an und erkennt, wie wichtig dieses Land ist für ein neues Europa.

Europa hat tiefe Wurzeln, alte Kulturen. Es würde zu weit führen, alle einzeln zu beschreiben und die Zusammenhänge zu erklären. Das wird euch durch andere Kanäle zufließen.

Habt ihr gewusst, dass Deutschland und Tibet eine enge Verbindung haben?

Die Verbindungen sind auf der Ebene der Erdverbundenheit. Man könnte sagen, es ist eine gleiche Göttinnenschöpferkraft, die hier arbeitete und noch arbeitet. Es sind drei – erkennt den Sinn dieser Zahl – Energiestränge, die euch mit dieser hohen Schöpfungsqualität verbinden. Zwei dieser Stränge sind aktiviert. Einer wurde gerade erst aktiviert zu der Harmonischen Einheit, die am achten und neunten November 2003 stattfand. Es war die Aktivierung der Herzensenergie, die Kraft, die ICH-BIN-Ebene zu stärken (Näheres dazu im Kapitel *8./9. November 2003*). Der dritte Strang ist euer Bewusstsein.

Erkennt ihr die Zusammenhänge? Erkennt die Wichtigkeit dieser Entwicklung in diesem Landstreifen. Damit heilt ihr dieses tief verwurzelte Land, heilt Atlantis und fügt einiges, das mit den Tiefen der Erdkräfte verbunden ist, zusammen. Ihr heilt auch das, was euch als die Drachenenergie bekannt ist. Es sind Urkräfte, die nun geheilt wieder wirken dürfen.

Ich möchte euch gerne noch einmal zum Kontakt mit der Erde ermutigen. Verbindet euch in der Meditation mit dieser alten starken Kraft. Viele Informationen warten auf euch.

Habt ihr gewusst, dass noch eine weitere, interessante Verbindung von Deutschland zu Tibet besteht? Eine Verbindung direkt durch die Erde. Wundert euch das, liebe Freunde? Wesen, die hier wie dort in der Dimension, die ihr die fünfte nennt, leben, freuen sich auf eine Begegnung. Erschreckt euch das? Habt den Mut zu verstehen. Liebevolle Hände strecken sich euch in naher Zukunft entgegen.

Seid in Liebe und Freude und versteht die geistigen Schwingungen des Universums.

Das kristalline Gitter *oder*
Die Umschreibung der Erdgeschichte

Man könnte sagen, liebe Freunde, meine Aufgabe hier auf der Erde ist erfüllt. Aber das trifft nicht den Nagel auf den Kopf, so würdet ihr es ausdrücken. Meine Hauptaufgabe, das Magnetgitter der Erde zu richten, ist beendet, aber es gibt weiterhin viel zu tun, auch für die Erzengelgruppe KRYON. Ich bin, oder besser ein Teil von mir, ist geblieben, um der Menschheit weiterhin Informationen zu geben.

Viele meiner Helfer stehen nun unter der Leitung eines anderen Wesens, das damit beschäftigt ist, das kristalline Erdgitter zu richten. Das wird bis 2012 so geschehen. Dann misst ein himmlisches Gericht nochmals die Erde.

Es ist oft so schwer, Worte für euch zu finden, um all das auszudrücken, wer wir sind, was unsere Arbeit ausmacht. Denn solange ihr in der Dualität seid, werden euch einige Dinge nicht verständlich sein. Das hat etwas mit der Strukturierung eures Imprints, eurer DNS zu tun. Die Änderungen durch die Neue Energie sind gegeben; es findet eine Ausrichtung statt. Aber trotzdem, solange ihr hier in diesem System weilt, habt ihr keinen gesamten Überblick über den Schöpfungsprozess, darüber, wie alles im Kosmos funktioniert. Damit habt ihr euch einverstanden erklärt, bevor ihr auf diesem Planeten inkarniert seid.

Meine »alte« geistige Gruppe ist nun dabei, die Erdgeschichte umzuschreiben. Es sind kristalline Strukturen, die geändert werden. Stellt euch einfach vor, dass die Struktur der Erde umgearbeitet wird. Das beinhaltet eine Umschreibung der Vergangenheit der Erde, damit sie in die Heilung hineingehen kann. Es ist ein langsamer Prozess. Versteht, dass damit auch eure Umstrukturierung automatisch einhergeht. Es setzt ein Heilungsprozess auf ganzer Ebene ein. Wenn du diesen Prozess unterstützen willst, kannst du persönlich deine alten Strukturen ändern, indem du deine Vergangenheit, die noch von alten Mustern geprägt ist, umschreibst – die deiner Familie, deiner Geschwister, soweit es im Plan ist. Wie du diesen Weg unterstützen kannst, erkläre ich gerne (im Anhang).

Es ist eine Übung, die euch selbst betrifft, eure persönlichen Erfahrungen, vergleichbar mit dem, was die vielen Helfer zurzeit im kristallinen Gürtel der Erde tun.

Kristallin hat natürlich auch etwas mit der Struktur zu tun und der Aufhebung der Grenzen. Das geht bis in den Zellkern. Das ist auch das Attribut, mit dem die Neuen Kinder, die ihr die Kristall-Kinder nennt, schon zur Erde kommen. Sie sind noch anders strukturiert als die, die ihr die Indigo-Kinder nennt.

Umstrukturierung bis in den Urkern, Umarbeitung der Muster. Das ist es, was geschieht. Habt daran teil. Erkennt den Sinn dieses Vorhabens. So kann ein »Neues Jerusalem« entstehen; es ist sozusagen die Metapher für das, was zurzeit geschieht. Nur so ist – betrachtet die Zusammenhänge – Frieden auf Erden möglich.

Die Erfahrungsumschreibung der Erde hat auch etwas damit zu tun, dass alte Kräfte wieder freigesetzt werden, die lange Zeit nicht aktiv waren. Bedenkt, ihr wart lange Zeit in einer relativ dunklen Entwicklungsstufe. Die gesamte Erde erlebt nun den Aufstieg. Deshalb ist die Aktivierung des kristallinen Gitters notwendig.

Versteh auch, dass dieses Buch dafür gedacht ist, dich anzuregen, selbst Kontakt nach innen aufzunehmen, damit du alle für dich persönlichen, wichtigen Botschaften von deinem Höheren Selbst empfängst und erfährst, was für dich zu tun ist.

Ihr seid unter anderem eng verbunden mit den Wesen des Wassers, die ihr die Wale nennt. Sie speichern das gesamte Wissen der Erde in ihrer DNS. Habt ihr es gewusst? Achtet diese Wesen. Sie sind es aber nicht allein. Es sind auch die Delfine, die wichtig sind für die Heilung der Erde.

»Lieber KRYON, was kann ich noch tun, um der Erde und uns bei der Umstrukturierung zu helfen?«, werde ich gefragt.

Nimm doch einmal Kontakt auf zu den Elementarwesen des Wassers, der Luft, des Feuers, erforsche alle diese Elemente, versuche, geistig Kontakt zu den Walen und Delfinen aufzunehmen. Sie sind übrigens ursprünglich auf dem Planeten Sirius zu Hause. Erstaunt dich das?

Durch die Neue Energie ist es möglich, auch zu all diesen Wesen und Lichtstrukturen Kontakt aufzunehmen.

Mit der Aktivierung des kristallinen Gitters gehen auch Aktivierungen von Lichtplätzen auf der Erde einher. Es sind Lichtstätten, Lichttore, heilige Stätten, zum Teil seit langer Zeit. Viele dieser Stätten haben lange Zeit geschlafen und warten jetzt auf ihre Aktivierung. Einige heilige Stätten hatten immer eine starke Kraft. Es sind auch alte Kraftplätze, die zurzeit von Lemurien und Atlantis wichtige Funktionen hatten, dabei. Sie nehmen ihre Arbeit nun wieder auf.

Es sind Lichtessenzen besonderer Art dort gespeichert, verbunden mit der Urquelle und auch mit Außenposten dieses Universums, die wichtig sind, die Erdstrukturen, die Erdschöpferkräfte zu stärken. Und es sind auch Lichtstätten, die wichtig sind für Besucher aus anderen Dimensionen, die schon bereitstehen, euch zu besuchen. Keine Angst. Sie werden euch nicht unter der Dusche überraschen.

Du denkst bestimmt nicht mehr, du bist allein in diesem Universum. Sonst würdest du dieses Buch nicht lesen. Dir ist klar, es gibt Dinge, die da sind, aber oft nicht zu sehen und schon gar nicht leicht zu verstehen sind.

Bedenke, du bist ein Lichtwesen, ein uraltes Lichtwesen mit vielen intergalaktischen Strukturen. Wir wollen euch langsam in Licht und Liebe an all die Veränderungen heranführen.

Vielleicht sagst du: »KRYON, das weiß ich alles schon.« Gut. Dann fühle in diese Energie hinein, die aus diesen Zeilen fließt. Du weißt doch, alles ist Schwingung. Vielleicht bekommst du gerade, weil es nun für dich passend ist, eine Schwingungserhöhung.

Fürchte dich nicht. All die Veränderungen kommen so zu euch, wie es für euch gut ist. Es gibt keine Zufälle.

Das dritte Gitter, das parallel zu dem kristallinen Gitter aktiviert wird, ist euer Bewusstsein. Du bestimmst deine Entwicklung, und du nimmst automatisch an der Schwingungserhöhung der Erde teil.

Das ist deine Aufgabe als Lichtarbeiter!

Die Kraft der Meditation

Seit Anbeginn der Welten, seit Anbeginn dieser Erd-
struktur, diesem Leben hier auf der Erde, wussten alle
Weisen von der Kraft der Meditation, von der Kraft,
diese zu lernen, zu erkennen und dem Fühlen der
schöpferischen Einheit.

Meditieren sollte zu deinem täglichen Ritual gehören
wie Zähneputzen und frühstücken. Wann du meditieren möchtest, entscheidest selbstverständlich du. Einmal am Tag, vielleicht zweimal ziehe dich zurück in
eine stille Ecke und nimm Kontakt zu deinem Inneren
auf.

Viele Menschen denken, es ist notwendig, dort stun-
denlang zu verharren und scheuen sich, diese wundervolle Macht zu benutzen. Manchmal sind fünfzehn
Minuten Meditation effektiver als eine längere Zeit des
Probierens.

Suche dir ein stilles Plätzchen, wo dich keiner stört,
und gehe nach innen. (Die Meditation am Ende des
Buches kann dir behilflich sein.)

Durch die Neue Energie, durch die Christusenergie, die Einzug hält hier auf Erden, ist es leichter, in die Meditation hineinzukommen. Das ist eines der Attribute der Neuen Zeit. Es verstärkt sich die Kraft der Meditation. Klarere Visionen entstehen, der Kontakt zur geistigen Welt ist leichter. Nutze diese Kraft. Versuche auch in der Meditation Heilströme, Heilenergien an andere zu schicken. Hülle sie in Licht und Liebe, wenn du weißt, sie brauchen Unterstützung. Meditiere mit Freunden über den Frieden. Schicke Kraft in die Krisengebiete.

Wenn mehrere Menschen, die in der Neuen Energie sind, meditieren, Kraft- und Friedensmeditationen ausüben, hat das die Energie eines gefüllten Fußballstadions. Sei dir deiner neuen Kraft bewusst!

Ihr, die ihr heilt, gebt den Menschen Heilkraft in der Meditation. Fragt sie allerdings vorher, ob es ihnen recht ist. Sonst greift ihr in das Leben eines anderen Menschen ein.

Es ist wie bei der Co-Kreation. Da darfst du auch nur für dich das Leben in die Hand nehmen.

Nun möchte ich noch über die Kraft der nächtlichen Meditation sprechen.

In der Nacht, wenn viele Störfaktoren, die Menschen tagsüber erzeugen, ausgeschaltet sind, lässt es sich noch besser meditieren.

Wenn du im Prozess bist, wenn du deine Weiterentwicklung in die Hände des Höheren Selbstes gelegt hast, wirst du oft schlechter schlafen können. Du erwachst, weil du auch merkst, dass wir an dir arbeiten. Viele Dinge werden gerichtet, entfernt, gelockert, aufgelöst. Wenn du all dies spürst, vielleicht aufwachst, weil es in deinem Ohr piept oder Gliedmaßen sich plötzlich anders anfühlen, dann wird an dir gearbeitet.

Sei nicht traurig über diesen Schlafverlust, über dieses Aufwecken. Nutze diese Zeit, denn nachts ist die Möglichkeit der Kommunikation, der geistigen Kontaktaufnahme besonders intensiv. Du wirst spüren, meditieren ist in der Nacht sehr viel leichter. Nimm Kontakt auf. Vielleicht warten Botschaften auf dich. Vertraue den Bildern und Botschaften, die aufkommen. Der Schleier ist gelüftet. Nutze die Gabe dieses Geschenks!

Der Lichtkörperprozess *oder*
Wie es weitergeht

Stellt euch vor, liebe Freunde, dass all das, was wir als den Einstieg in die Neue Energie nennen, der Grundstock ist für den weiteren Weg.

Ihr seid nun karmafrei, ihr co-kreiert, ihr seid verbunden mit eurem Höheren Selbst und braucht jetzt eigentlich nur dem zu lauschen, zu folgen, was eure Führung euch angedeihen lassen möchte. Ihr werdet nun in den sogenannten *Lichtkörperprozess* hineingeführt, in das, was notwendig ist, um beim Aufstieg der Erde dabei zu sein.

Der Lichtkörperprozess ist eine Klärung der Zellen, ganz einfach ausgedrückt, eine Umstrukturierung. Ihr kommt zu dem zurück, was ihr einmal ward. Zu einem Lichtkörper. Das ist unerlässlich für den Aufstieg. Ihr seid einst tief in die Materie gefallen. Die Quelle sandte ihre Anteile aus, um diese Erfahrung zu sammeln. Nun ist es möglich, wieder den Lichtweg aufzunehmen.

Es ist so zu verstehen, dass es verschiedene Stufen sind, die ihr durchlauft, die euch vervollkommnen.

Diese Stufen sind mit dem menschlichen Wort schwer zu vermitteln. Auch die Schriften darüber können nur Anhaltspunkte sein, wie es denn wirklich geschieht. Es sind göttliche Vorgänge, da reichen Worte nicht aus.

Jeder geht diesen Weg individuell. Jede Seele hat ihren eigenen Prozess. Es mag sein, dass es gewisse Gleichheiten gibt in den Entwicklungen dieser Stufen. Aber generell ist es nicht sinnvoll, nachzuschlagen, in welcher Stufe des Prozesses bin ich jetzt wohl.

»Ach, KRYON, ich habe Taubheitsgefühle im Kopf, dann bin ich wohl in Stufe soundso im Prozess.«

Siehst du die Unsicherheiten, die entstehen können, wenn du dich auf äußere Informationen verlässt? Du bist auf dem Weg, ein Meister zu werden. Es ist ein Meisterprozess, durch den du hindurchgehst. Also handele wie ein angehender Meister. Verlasse dich auf dich und deine göttliche Führung. Sie weiß, was gut für dich ist, was zu tun ist.

Dieser Prozess ist manchmal langwierig oder auch nicht. Manche Seele hat schon viel Vorarbeit geleistet und kann relativ schnell durch diesen Prozess gehen. Dabei behilflich ist natürlich auch die Entwicklung der Erde. Beschleunigungen des Lichts, der verschiedenen göttlichen Lichtpartikel, helfen, den Prozess besser zu durchlaufen.

Viele Dinge geschehen von ganz allein, wenn du einmal in diesem Prozess bist. Denn du hast ja die *Ab-*

sicht ausgesprochen, mit in die Neue Zeit hineinzugehen. Das ist sozusagen der Fahrschein.

Es geschehen Dinge, die automatisch mit dir passieren, denn du bist geführt. Doch einiges kannst du natürlich unterstützen.

Wenn du engen Kontakt mit deinem Höheren Selbst, mit deinem göttlichen Funken, hast, wird dir mitgeteilt, was du tun kannst, um den Prozess zu unterstützen. Hier jetzt detaillierte Dinge und Fakten weiterzugeben, ist nicht sinnvoll, da jede Seele ihren eigenen Weg hat, ihre eigene Entwicklung.

Vielleicht wird dir empfohlen, deinen Körper speziell irdisch zu reinigen, vielleicht sind es bestimmte Steine, bestimme Orte, die deinen Prozess beschleunigen können. Vielleicht legt man dir ans Herz, deine Chakren zu vereinigen. Ich spreche nicht von denen, die dir bekannt sind, sondern sozusagen von Chakren, die nun in der Neuen Zeit geöffnet, aktiviert werden. Vielleicht brauchst du spezielle Farben, die dir helfen. Vielleicht sind es göttliche geometrische Formeln, die etwas Besonderes für dich bewirken, vielleicht sind bestimmte Meditationen wichtig.

Sei offen für Mitteilungen und Hilfen von deinen geistigen Führern. Sie wissen, was gut für dich ist.

Sicher ist, dass dein ganzes Wesen nun in eine neue Zeit mit hineingeht. Die Erde unterliegt einem Transformationsprozess, du ebenfalls. Deine vielen Körperschichten und Daseinsebenen unterliegen auch der Transformation. Dein Körper wird lichter und heller.

Man könnte auch sagen, durchlässiger, wie zu alten Zeiten in Lemurien und Atlantis und anderen, euch nicht bekannten Zivilisationen, wo du oft ganz mit deinem Höheren Selbst vereint warst. So gehst du nun auch diesem Zustand wieder entgegen.

Ich sehe viele Schriften, die euch auf dem Buchmarkt zugänglich sind, die euch helfen sollen, diesen Prozess besser zu durchstehen. Ich sehe mit Schrecken, dass es auch Schriften sind, die nicht in Liebe geschrieben sind, die Angst machen oder einfach nur nicht korrekte Informationen weitergeben.

Verstehst du, Mensch, dieser sogenannte Lichtkörperprozess ist ein Prozess des Aufstiegs und für jede Seele, die die Absicht erklärt hat, dabei zu sein, möglich, aber auch sehr individuell.

Sicherlich ist dieser Prozess mit Unstimmigkeiten deiner körperlichen Funktionen, deiner Stimmungen etc. verbunden. Vielleicht ist es so, dass deine Sehfähigkeit manchmal nachlässt, oder dein Hörvermögen schwach wird. Du bist in einem Transformationsprozess. Deine anderen Wahrnehmungsorgane werden aktiviert, dein inneres Ohr, dein inneres Auge. Es sind sozusagen himmlische Chirurgen am Werk (das war kosmischer Humor).

Es gibt Mantren, göttliche Zeichen, wie oben beschrieben, die diesen Prozess stabilisieren. Göttliche Hilfen. Verbinde du dich mit deinem Höheren Selbst, lass dich führen und leiten.

Zu gegebener Zeit werden auch aus dieser Quelle weitere Informationen fließen. Bedenke, die Menschheit wächst in diesen Prozess hinein.

Manche Informationen sind jetzt schon passend, manche nicht. Vertraue auf das, was du fühlst, vertraue auf deine Intuition, vertraue deinem Höheren Selbst. Es wird dir helfen, diesen Prozess gut zu durchlaufen.

Vertraue bitte. Alles ist dir bekannt und besprochen worden, bevor du diesmal auf die Erde kamst.

Erinnere dich. Du warst in der Höhle der Schöpfung mit den Hütern des Karmas und hast explizit dieses Leben ausgearbeitet. Du sagtest, wenn es so sein wird, dass die Erde aufsteigt, bin ich dabei.

Nun bist du dabei. Und wenn du dieses Buch liest, bist du ganz bewusst dabei. Habe Vertrauen und Geduld!

Eure DNS

Alle Seelen, die hier auf diesem Planeten in einem Körper inkarnieren, sind mit einer DNS zur Erde gekommen.

Sie hat das gespeichert, was dich unter anderen ausmacht, woraus du bestehst, deine Fundamente, deine Festplatte sozusagen.

Es ist dein magnetisches Imprint, mit dem du hier auf die Erde kommst. Zum Teil sind es genetische Stempel, alte Informationen, wo du überall schon inkarniert warst (vielleicht auf den Plejaden etc.), Zellstrukturen, die dein heutiges Lernprogramm beinhalten. Und auch Implantate, die verhindern, dass du dich hier und jetzt an alte Inkarnationen erinnerst. Es würde deine jetzigen Lernaufgaben behindern.

In der DNS ist alles gespeichert, was du brauchst, um hier zu leben. Eure Wissenschaftler sind am Experimentieren, mit kleinem Erfolg. Wenn sie die göttlichen Matrizen mit einbeziehen würden, würden sie erkennen.

Vor der Möglichkeit, in die Neue Energie hineinzugehen, war es nur wenigen Menschen möglich, ihre DNS zu erweitern. Nun ist es in der neuen Energie möglich, ganz explizit diese DNS zu aktivieren. Es hat selbstverständlich etwas mit *erstens* der Richtung des Magnetgitters zu tun, *zweitens* mit der Erkennung und Annahme der Herzens- beziehungsweise Christusenergie, *drittens* mit der Veränderung eures Bewusstseins, was auch unter anderem mit der Aktivierung des kristallinen Gitters zusammenhängt.

Nun habt ihr die Möglichkeit, euch zu verändern, euch zu vervollkommnen, euren Lichtkörperprozess zu aktivieren. Die DNS ist hauptsächlich magnetisch und hat etwas mit göttlicher Schöpfungsgeometrie zu tun. Stellt euch diese Stränge, die zwölf sind, die göttliche Zahl, als Schichten vor. Verschiedene Schichten, die auch teilweise ineinandergreifen. Ein Fahrstuhl zur Göttlichkeit, der auch Zwischenstationen hat.

Es gibt keine klaren Stufen oder Schichten der Aktivierung des Lichtkörpers. Es sind ineinander übergehende Stufen. Und auch jeder Mensch geht individuell, vielleicht sogar von der dritten Schicht in die fünfte. Er holt dann – einfach ausgedrückt – nach, was jetzt vielleicht gerade passt in der Entwicklung. Himmlische Chirurgen und Planer sind hier wieder am Werk. Lichtwesen, die schon seit langer Zeit diesen Planeten beschützen, zum Teil Schöpferfunktionsanteile ausüben, sind da, weil sie verstehen, was nun zu tun ist. Es ist ihre Aufgabe. Sie erfüllen sie in tiefer Liebe zur Menschheit.

Die DNS besteht aus Schichten, die Schöpfungsstufen genannt werden können – verschiedene Stufen der

Entwicklung des Menschen. Bei den meisten Menschen heute sind zwei Schichten aktiviert, die ihr magnetisches Dasein prägen, und passend sind während dieser Erdzeit, die sie hier verbringen, für ihre Inkarnation. Viele Menschen sind nun auf Stufe oder Schicht drei angelangt, die etwas mit Schöpfungserkenntnis zu tun hat. In dieser Entwicklungsstufe versteht ihr – oder besser – ahnt ihr, wie wunderbar das Universum funktioniert. Selbstverständlich gibt es auch Seelen, die weiter entwickelt sind. Sie sind schon schichtweise vorgedrungen und haben vieles erkannt.

Die Aktivierung geht natürlich auch mit dem Verständnis der Seele einher, inwieweit der Mensch bereit ist, zu erkennen.

Stellt euch alle diese Stränge/Schichten vor wie einen Schöpfungsprozess. Zwölf göttliche Stufen. Zwölf Stufen, die zur Reifung führen. Auch nachzuvollziehen in der jüdischen Kabbala und anderen göttlichen Erkenntnisschriften, die der Menschheit, den Glaubensführern, gegeben wurden. Alles dient dem Weg nach Hause.

Die DNS-Schichten sind Schichten des göttlichen Lichtschöpfungsprozesses. Schichten der Offenbarung.
    Verstehst du?
    Du erkennst mit jeder Schicht ein neues Potenzial deines Daseins.

Dein Lichtkörperprozess geht damit zusammen einher. Vertraue auch hier deiner Führung.

Jeder Schritt dieses Weges ist geebnet für dich. Deine Absichtserklärung ist wie eine Eintrittskarte in den Schöpfungsbereich.

8./9. November 2003:
Die Harmonische Einheit *oder*
Die Universelle Herzensöffnung

Diejenigen unter euch, die sich für die heilige Wissenschaft Astrologie interessieren, wissen, wovon ich jetzt sprechen möchte. Ihr, die ihr nicht so astrologisch bewandert seid, ihr habt vielleicht von anderen von diesem wundervollen Ereignis gehört. Da es aber für viele neu ist, will ich es gerne beschreiben.

Dieses Datum, der 8./9. November 2003, war ganz besonders wichtig für die Zukunft der Erde, für die Entwicklung der Erde und der Menschen auf diesem Planeten. Ein wichtiger Zeitpunkt für die Öffnung der Herzen.

Astrologisch betrachtet geschah am 8. November 2003, 12.20 Uhr ein Zusammentreffen besonderer Art. Zwei, so würdet ihr sagen, Dreiecke haben sich am Himmel formiert. Zwei Dreiecke, die eine bestimmte Planetenkonstellation ergaben, die man als den Christusstern bezeichnen könnte.

Sonne, Saturn und Mars bildeten ein Dreieck, Chiron, Jupiter und Mond das zweite. Sie lagen für zirka vierundzwanzig Stunden so übereinander, wie es passender nicht hätte sein können.

Stellt euch einfach vor, dass die verschiedenen Qualitäten all dieser Planeten eine bestimmte Zentriertheit ergeben. Sie waren so eng vereint, dass es eine wahre Freude war, dies zu beobachten.

Aber das allein war nicht der Grund ihres Zusammentreffens, das alle zirka 4000 Jahre stattfindet. Nur diesmal hatte es einen besonderen Aspekt.

Durch die neue Umlaufbahn, in die die Erde hineingeht, sind ganz bestimmte, man könnte sagen, neue Qualitäten, neue Begebenheiten für diesen kurzen Zeitraum entstanden.

Es war eine tiefe Liebes-, eine Christusenergie, die aufgrund dieses Ereignisses in euch hineinfloss. Diese Energie hat die Aufgabe, den Menschen, jede Seele, die hier inkarniert ist, seinem ICH BIN näher zu bringen. Jede Seele hat eine Herzensöffnung erfahren. Egal, ob ihr das gespürt habt oder nicht; egal, ob ihr das gewusst habt oder nicht.

Vielleicht hast du an diesem Tag in deinem Herzen eine besondere Kraft gefühlt. Menschen, die von diesem Ereignis wussten, sind gezielt in die Meditation hineingegangen, haben sich auf diesen Stern konzentriert und um eine weitere Öffnung gebeten. Jeder hatte auf seine Art und Weise eine Begegnung.

Der Weg des spirituellen Wachsens geht über die Herzensentwicklung. Die Öffnung des Herzens ist der Schlüssel, da sie eine Schwingungserhöhung bedeutet.

Einige von euch hatten die Möglichkeit, weit in die Tiefen des Alls hineinzutauchen, denn dieser Christusstern, diese Formation, war auch ein Sternentor, das ungeahnte Möglichkeiten, Gefühle, Weiterentwicklungen brachte. Einige Seelen hier auf der Erde durften Kontakt mit ihrem Lichtkörper aufnehmen. Einige haben sich ganz mit ihrem Lichtkörper verbunden.

Einige von euch hatten andere Begegnungen, zum Beispiel mit Wesen, die nahe bei der Erde, bei dem Planeten Gaia, sind, um dienlich zu sein. Viele Meditationen haben zu diesem Zeitpunkt große Dinge und Fortschritte in Bewegung gesetzt. Sei nicht traurig, wenn dir dieses Ereignis nicht bekannt war. Vielleicht war es noch nicht der richtige Zeitpunkt. Aber sei gewiss, dein Kontakt oder der Kanal zu deinem Höheren Selbst wurde ohne dein Wissen stabilisiert. Die Erde und die Menschen sind ihrem Ziel, dem Ziel des Aufstiegs, ein wenig näher gekommen.

Erkenne, es geht bei all diesen Prozessen um die Herzensöffnung. Verstand und Ego haben ausgedient, deine Höhere Führung, deine Intuition, möchte nun das Zepter übernehmen. Stimme dich ein, öffne dein Herz!

Viele Seelen haben im Herzensbereich Probleme. Du hast dich entschlossen, hier in diesem westlichen Bereich der Erde zu inkarnieren. Das bedeutet, besondere Aufmerksamkeit auf deine Herzensenergie zu lenken. Dein Herz weist dir den Weg.

Atlantis

Liebe Freunde, ich möchte jetzt über *Atlantis* sprechen. Dieser Name übt auf alle Wesen eine Faszination aus, nicht wahr? Ja, es ist ein magisches Wort, hat eine magische Anziehungskraft. Atlantis ist das, was ihr eine sagenumwobene Zeit nennt, ein mystisch umschwirrter Kontinent, ein Name der Freude, der aber auch Angst und Lähmung hervorrufen kann.

Viele von euch erinnern sich unbewusst an diese Zeit. Denn ihr, die ihr hier nun als alte Seelen auf der Erde inkarniert, ihr, die ihr dieses lest, seid fast alle Atlanter. Ja, das sage ich mit voller Inbrunst: Ihr seid Atlanter, viele mit tief greifenden Erfahrungen aus dieser Zeit und mit karmischen Verbindungen. Manche von euch stecken noch in Auflösungsprozessen dieser karmaträchtigen Zeit. Denn es war mit Sicherheit nicht nur *eine* dort verbrachte Inkarnation. Atlantis hat für viele von euch tiefe Einschnitte hinterlassen, mit den Empfindungen, was ihr als Gut und Böse bezeichnet. Bedenkt, ihr lebt hier auf der Erde in der Dualität. Das gehört zu den von euch erwählten Lernprogrammen.

Viele von euch erinnern sich vage an schwere Lasten, auch jauchzend an fröhliche, lustvolle Begebenheiten aus dieser Zeit, oft auch mit einer großen Sehnsucht gepaart. Ihr erinnert euch an erfüllte, lichtvolle Tage. Manchem Menschen jagt dieser Begriff, dieses Wort *Atlantis* auch Schrecken ein. Das hat damit zu tun, dass ihr entweder machtvolle Begebenheiten erfahren habt oder vielleicht sogar an dem Untergang von Atlantis beteiligt wart. Das kann wiederum einfach als Zeitzeuge gewesen sein oder vielleicht sogar als das, was man Akteur nennt. Es mag sein, dass du in dieser Gruppe von Menschen warst, die aktiv an dem Machtmissbrauch teilhatte, der zum Untergang von Atlantis führte. Oder du warst ein passiver Täter. Du hast einfach nur zugeguckt und dich nicht getraut, Nein zu sagen, zu all den Dingen, die dort passierten.

Atlantis ist untergegangen durch Missbrauch mit Tönen, mit Schwingungen. Ein Urton wurde hervorgebracht durch Experimente, ein Urton, der die Zerstörung einläutete. Das ist noch etwas komplizierter zu verstehen. Man könnte sagen, dieser Missbrauch oder Einsatz dieses Schöpfungstons hat einen schwerwiegenden Einfluss auf die Materie gehabt. Er hat sie zerstört. Erkennt die Zusammenhänge zwischen Erschaffen und Zerstören. Sie liegen nicht weit auseinander. Deshalb spreche ich auch oft davon: Geht vorsichtig und mit Bedacht mit all den wundervollen Attributen um, die die Neue Zeit euch bietet.

Auch der atlantische Mensch hat viele wunderbare Attribute, Schöpfungsgeschenke erhalten, um im Einklang mit der Natur ein wundervolles, erfüllendes Leben zu führen. Nur hat er in späteren Zeiten dieser Epoche oft nicht auf seine innere Stimme gehört. Sie war durch Schwingungen, die in des Menschen verschiedene Körper hineinflossen, eine Art Verschmutzung durch niedere Energien, blockiert. Und die natürliche, stützende Aufgabe des Egos wurde dadurch auf eine niedere Ebene transformiert. Denn das, was ihr Ego nennt, hat natürlich die Funktion, euch am Leben zu erhalten, euch zu schützen und den Weg in eure Mitte zu unterstützen. Nur wenn niedere Schwingungseinflüsse da sind, wird das Ego von niederen Beweggründen gesteuert. Das ist in späteren Zeiten von Atlantis passiert.

Die Menschen hatten zu Beginn dieser wunderbaren, göttlichen Zivilisation den Himmel auf Erden, so würdet ihr sagen. Viele wundervolle Kreaturen lebten auf diesem Kontinent. Mensch und Natur waren eng vereint und lebten in achtsamer Verbundenheit. So konnte viel Kreatives geschehen. Die Menschen verbrachten viel Zeit im Erlernen und in der Ausübung der verschiedenen Künste. Der Mensch war nicht zur »Arbeit« verpflichtet. Für Jedermann – das gilt für die Hoch-Zeit von Atlantis, waren ausreichend lebensnotwendige Güter vorhanden. Keiner musste Geld verdienen, um eine Behausung zu haben oder ernährt zu sein. Alles war im Überfluss vorhanden und für alle zugänglich.

Es galt, die spirituelle Entwicklung zu vervollkommnen. Dafür wurde ausreichend Zeit aufgewandt. Das
betrifft alle Künste, auch körperliche Vervollkomm-
nung war wichtig. Alle pflegten ihren Tempel der Seele;
es gab geistige und körperliche Reinigungstempel. In
dem körperlichen Reinigungstempel pflegte man sich
mit besonderen Waschungen, Duftessenzen und nutzte
die Heilkraft der Farben. Der Mensch verbrachte oft
Tage in einem dieser Tempel, er wurde von ausgebil-
deten Körpertherapeuten, so würdet ihr es heute nennen, in tiefer Liebe und Achtung versorgt. Denn jeder
war auf das Eingemeinwohl bedacht. Es war bekannt,
dass alle Seelen schwingungsmäßig miteinander verbunden sind. Ihr ließet euch von der Musik, von schö-
nen Klängen verführen, euren Körper und Geist in
einen spirituell hohen Schwingungsrahmen bringen,
der es euch möglich machte, mit vielen Wesen in der
Umgebung und auch in der Ferne auf anderen Planeten telepathisch zu kommunizieren. Versteht die Zusammenhänge. Alles ist Schwingung und miteinander
verbunden. Wenn ihr euch das immer wieder bewusst
macht, versteht ihr, wie der Kosmos funktioniert.

Tempel der Künste, der hohen Wissenschaften standen euch zur Verfügung, um euer Wissen und eure
Verbundenheit zu eurem Göttlichen Funken zu vervollkommnen.

Ich sagte es schon: Zu Atlantis Zeiten war der Mensch
mit seinem Göttlichen Funken eng vereint. Ihr wart
euch eurer selbst bewusst. Ihr wusstet, ihr seid hier
auf der Durchreise und habt euch bereit erklärt, hier

zu dienen, um der Erde zu dienen, und dem gesamten Universum. Das war fest in eurem Bewusstsein verankert, und noch vieles mehr. Woher ihr stammt, wer ihr seid, wo ihr überall schon gedient habt, war euch nicht unbekannt. Nun kommt ihr in der Neuen Zeit wieder zu dieser Einheit zurück. Erkennt, wer ihr seid. Das ist nun eure Aufgabe jetzt, hier auf diesem Planeten.

Ihr habt in der Hoch-Zeit von Atlantis telepathisch miteinander kommuniziert. Ihr habt gelernt, ohne Bücher zu lesen. Euer Wissen gelangte über das Kollektiv zu euch. Ihr habt es einfach geistig empfangen. Ihr wart in geehrten und heiligen Räumen und habt geistig alles Wissen durch andere Wesen, Gelehrte, die das Wissen telepathisch an euch weiterreichten, aufgenommen. Wenn es euch zu viel des Lernens wurde, ihr eine Pause machen wolltet, seid ihr einfach in einen wundervollen Ruheraum gegangen, habt geruht oder der entspannenden Musik gelauscht und seid später oder an einem anderen Tag wieder in den »Hörsaal« zurückgekehrt, um weitere Botschaften zu empfangen. Dort war jedem bewusst, dass Wissen zu erlangen eine wundervolle Sache ist und letztlich dem Schöpfer in euch dient und dem gesamten Universum. Deshalb war alles in tiefer Liebe und Einheit.

Eure Ernährung war leicht und auch auf der Schwingungseinheit und eurer Klarheit und der der geschaffenen Bäume und Früchte aufgebaut. Jede Frucht hatte eine bestimme Schwingungshöhe, die, wenn ihr sie genossen habt, euch das gab, was euch fehlte. Tiere waren geehrte Wesen und standen nicht auf dem Speiseplan. Man wusste von den niederen Schwingungen, die der Mensch von geschlachteten Wesen aufnimmt.

Atlantis war nicht immer in so einer wundervollen, ausgeglichenen Schwingung. Eine Veränderung trat ein. Der Mensch veränderte seine Art zu leben, auch äußere Einflüsse hängen damit zusammen. Ich spreche von denen, die ihr Außerirdische nennt. Die Menschen waren nicht mehr in ihrer Mitte, Machtmissbrauch führte zu katastrophalen Dingen. Kurz: Die Bewohner von Atlantis näherten sich dem Untergang. All das ist nicht in ein paar Jahren geschehen.

Die Schöpfungsebene – so möchte ich es ausdrücken – beschloss dann eine Reinigung der Erde und deren Bewohner.

Ich hatte damals den Auftrag, das Magnetgitter zu richten. Die Erde hat sich danach transformiert.

Stellt euch nun vor, dass Atlantis natürlich im ätherischen Bereich weiter existiert, nichts geht verloren. Vieles ist – wie all die Tempel der Heilung und Transformation – auf dem geistigen Wege zu erreichen und zu besuchen. Einige Dinge sind im irdischen Bereich geblieben. Hohe Wesen haben seinerzeit vor dem Untergang Geheimwissen auf andere Gebiete verteilt und auch tief vergraben – symbolisch gesehen. Ich spreche von Ägypten, China, Mexiko etc., und auch von Deutschland.

In der heutigen Zeit ist es für all die Menschen, die sich weiterentwickeln wollen – meist sind es alte Atlanter –, möglich, all dieses Wissen wieder zu aktivieren, mit der Prämisse, Atlantis zu heilen. Denkt an die Kraft der Schwingungen! Alles ist weiterhin vorhanden; es ist nur nicht sichtbar für eure irdischen Augen. Wenn du, liebe Freundin, lieber Freund, Kontakt aufnehmen willst zu Atlantis, egal, welche Phase du dir anzuschauen wünschst, bitte deine Geistführer oder dein Höheres Selbst, dir Szenen aus der Zeit zu zeigen. Schaue hin, was du gewesen bist, was du tatest. Vielleicht warst du Astronom, hattest du Verbindungen zu anderen Galaxien und Sonnensystemen. Du hast dich vielleicht mit den Weisen anderer Völker ausgetauscht. Vielleicht warst du ein Heiler, der die Menschen mit Kristallen wieder in ihre Mitte brachte. Jetzt hast du die Möglichkeit, an dem teilzuhaben, was wir zeit- und raumlos nennen.

Nutze diese Möglichkeit! Sie hilft dir, zu erkennen, wer du bist. Du bist bestimmt kein Wesen, das nur im menschlichen materiellen Kleide hier anwesend ist.

Handle nun nach deinem eigenen Ermessen und frage dich: »Was ist zu tun für mich?« Vielleicht möchtest du jetzt deine Verträge erkunden, die du für diese Zeit hier auf der Erde geschlossen hast. Atlantis-Wissen steht dir zur Verfügung, um dich zu klären, zu lichten, und dich deinem Potenzial zuzuführen.

Die vielen Wesenheiten, meine Fachhelfer in Sachen Magnetismus, sind nun sozusagen zu einem neuen

Arbeitgeber gewechselt. Sie bearbeiten jetzt das kristalline Gitter. Es wird bis 2012 aktiviert. Unter anderem wird die Geschichte der Erde dabei umgeschrieben. Darüber sprach ich bereits.

Auch die Geschichte von Atlantis wird umgeschrieben. Atlantis wird geheilt. Du kannst deinen Teil dazu tun, indem du deine Erlebnisse anschaust und umwandelst und zur Heilung führst.

Erkennst du nun, wie wichtig es ist, sich mit diesen alten Begebenheiten auseinanderzusetzen?

Ich sagte schon, keiner von euch soll ständig in alten Leben herumschauen. Aber die Atlantisbegegnungen, die Leben auf dieser Ebene, schaue dir gerne an und transformiere sie und hole dir altes Wissen zurück.

Fast alle von euch, die heute inkarniert sind, haben es sich zur Aufgabe gemacht, sind den Vertrag eingegangen, an der Heilung von Atlantis mitzuarbeiten.

Zu Atlantis Zeiten wurde viel mit Kristallen gearbeitet. Sie dienten als Heilungspartner, als Informant, als Wissensspeicher und vieles mehr.

Für euch – ob du ein Heiler bist oder privat an deiner Familie Heilarbeit leistest, oder ob du vielleicht einfach nur die wundervollen Energien dieser Helfer genießen möchtest – sind viele Kristalle aus Atlantis wieder aktiviert. Arbeitet mit diesen Kristallen. Es gibt einige gute irdische Informationen (Bücher), die zeigen, wie man diese Kristalle einsetzen kann. Du kannst auch gerne deine geistigen Führer befragen, sie sagen dir, wie du Kristalle effektiv einsetzen kannst.

Viele dieser Kristalle sind jetzt aktiviert durch die Schwingungserhöhung der Erde. Sie nehmen ihre Arbeit nun wieder auf, ihre Kraft ist groß. Es sind Heilungsenergien, die durch bestimmte Legungsweisen ihre Kraft und Informationen weitergeben. Viele Informationen unterschiedlicher Art sind in diesen Kristallen gespeichert. So mancher Kristall kann zu einem ständigen Lebensbegleiter werden. Er ebnet deiner Seele den Weg.

Zu Atlantis' Zeiten hatten diese Kristalle Funktionen vielseitiger Art. Stellt sie euch einfach als »lebendige« Bewusstseinsebenen vor, so wie ihr eine seid.

Atlantis lebt! Besucht es!

Fragen und Antworten

FRAGE

Lieber KRYON, was muss ich »mitnehmen« in die Neue Energie?

ANTWORT

Gar nichts, liebe Freunde. Ihr müsst nichts mitnehmen in die Neue Energie. Es ist alles vorhanden. Es ist alles in dir. Öffne einfach dein Herz, öffne dein Dasein. Lausche, was geschieht, und höre auf dein Herz, denn die Herzöffnung ist das Wichtigste in dieser neuen Zeit.

Was brauchst du in der Neuen Energie?

Keine Seminare, keine Einweihungen von Menschenhand. Die Informationen, die wichtig für dich sind, werden dir aus der geistigen Welt zufließen. Manchmal möchte man gerne mit anderen Menschen zusammen sein. Dann sind Veranstaltungen in Gruppen sinnvoll, um sich zu treffen und auszutauschen. Aber generell ist es nicht notwendig, Seminare und sogenannte spirituell weiterbildende Kurse zu besuchen. Die Kraft der Meditation ist das Stärkende. Wenn ihr aber das Bedürfnis habt, Kurse zu besuchen, dann fühlt in euch hinein, ob das Seminar, die Gruppe, in Liebe ist. Ob all das, was dort angeboten wird, im Sinne des EINEN ist.

Es ist wichtig, bei sich selbst zu bleiben. Ihr würdet sagen, der Stein der Weisen liegt in mir selbst. Das kann ich bestätigen. Es ist das, was ihr tun sollt, in euch hineingehen. Geht in euer Herz, geht in die Meditation und macht dort eure Erfahrungen. Ihr werdet euch selbst immer mehr näher kommen und euch kennenlernen. Das ist der Weg.

Die Neue Energie ist euch behilflich dabei, schneller und effektiver in diese Verbindung hineinzukommen, denn der Schleier ist gelüftet, unter anderem durch die Richtung des Magnetgitters. Vertraut euch selbst.

Ihr braucht nichts mitzunehmen. Selbstverständlich sind äußere Dinge auch nicht notwendig für eure geistige Weiterentwicklung. Ihr braucht keine besondere Wohnung. Ihr braucht keine Handys oder andere Dinge. Es sei denn, sie bereiten euch Freude. Es ist wichtig, bei euch zu bleiben, in euch hineinzuschauen, euch zu öffnen. Euer Herz zu öffnen, neugierig zu sein und das zuzulassen, was euch geschenkt wird. Es ist eine Gnade des EINEN.

*   *   *

FRAGE
Lieber KRYON, es werden immer mehr Magnetprodukte angeboten, die uns helfen sollen, unsere körperlichen Be-

schwerden zu lindern oder zu heilen. Matratzen, Kissen
und vieles andere. Was kannst du uns dazu sagen?

ANTWORT
Oh, es ist ein wundervolles Thema, der Magnetismus.
Es ist sozusagen mein Spezialgebiet. Ich freue mich sehr,
darüber sprechen zu können. Es ist schon wichtig,
körperliche Sorgen mit Magnetismus auszugleichen,
die Heilung zu unterstützen, denn der menschliche
Körper ist ein Magnetfeld. Wenn ihr mit Magneten
beschäftigt seid – und einige von euch können es
schon sehr gut –, werdet ihr merken, es ist eine wundervolle Unterstützung, um den Körper in Balance zu
bringen. Es gibt ja auch viele Energiearbeitstechniken,
die als Basis magnetische Ausgleichungen haben.

Aber bedenkt, wahre Heilung findet auf der geistigen Ebene statt. Ihr könnt lediglich unterstützen.

Das, was angeboten wird, wovon du sprichst, liebe
Freundin, das sind die Matratzen, Unterlagen, Kopfkissen
und sonstige Sachen, die mit Magneten ausgestattet sind,
um euch sozusagen wieder in die Mitte zu bringen.

Das ist aber in der Form nicht möglich. Es ist nicht
sinnvoll, ständig mit Magnetismus in der Form in
Berührung zu sein. Es ist eher nicht hilfreich für den
Körper, um in Balance zu sein.

Deswegen schaut euch genau um! Was sind es für
Produkte? Was ist es?

Ihr könnt sicher sein, es ist zeitweilig eine wundervolle Sache, aber nicht auf Dauer, und nicht während

des Schlafes. Prüft mit eurer Intuition: Was ist gut für mich? Wie lange darf ich mich dem Magnetismus in der Form aussetzen?

Ich möchte euch empfehlen: Schaut euch nach Magnet-Produkten um, nach Systemen, die ihr nur wenige Minuten anwendet, nach sogenannten pulsierenden Magnetfeldtherapieprodukten. Aber prüft auch dort.

Ich möchte das noch einmal empfehlen, wovon ich schon so oft gesprochen habe: Hier in diesem Lande wurde ein Gerät erfunden, mit dem man an den Fingerspitzen des Menschen die Polarität des menschlichen Körpers messen kann. Mit diesem Gerät könnt ihr ausmessen, welche Organe nicht magnetisch ausgerichtet sind und sie auch wieder damit in Balance bringen.

Viele Menschen sind nicht ausgeglichen. Ich spreche nicht nur von denen, die ständig im Flugzeug sitzen und starken Schwankungen ausgesetzt sind. Jeder Mensch hat durch tägliche Erfahrungen, durch das, was ihr Stress nennt, Strahlenbegegnungen, Energieabzug etc., eine Unausgeglichenheit.

Das Einsetzen von Magneten kann den Menschen – das hat nichts mit genereller Heilung zu tun – zusätzlich wieder in die Mitte bringen.

Die Organe des Menschen sind magnetisch (plus- oder minuspolig) zueinander angeordnet. Um das wieder in Balance zu bringen, sind Magnete eine wundervolle Sache.

Nur ist es nicht sinnvoll, ständig auf diesen Dingen zu liegen, zu sitzen oder sie bei sich zu tragen. Das würde eher wieder ein Ungleichgewicht hervorrufen. Außerdem ist es wichtig zu wissen, in welcher Stärke der Magnet ist und ob mit ihm positiv oder negativ behandelt werden soll.

Wenn ihr Magnetismus einsetzen wollt, setzt euch intensiv damit auseinander. Es ist eine göttliche Schaffensenergie, die mit Respekt behandelt werden will und nicht einfach unsachgemäß und verantwortungslos an Menschen weitergegeben werden soll.

Beschäftigt euch doch einmal mit der »Freien Energie«. Es handelt sich dabei auch um Magnetismus. Es ist interessant für euch zu erfahren, wie diese göttliche Wissenschaft funktioniert. Gebt also nicht einfach alles blindlings an andere Menschen weiter, was euch angeboten wird, prüft alles wohl!

* * *

FRAGE
Lieber KRYON, kannst du uns etwas über Reinkarnationstherapien sagen? Sind sie heute noch sinnvoll?

ANTWORT
Es gab eine Zeit, da war diese Art und Weise, den Menschen behilflich zu sein, eine sehr geehrte Sache. Heute sind Reinkarnationstherapien nicht mehr notwendig. Ihr seid in der Neuen Energie, und die Altlasten sind durch die Karmaauflösung von euch genommen.

Manchmal macht es allerdings Sinn, sich diese alten Muster anzuschauen. Es ist erkennenswert, manchmal hineinzugucken, was es gewesen ist, was mich behindert hat, in meinem Fluss zu sein oder in meine Potenziale hinein zu kommen. Es hilft manchmal zu erkennen, welche Muster es waren. Es ist aber auch nicht empfehlenswert (viele Menschen tun es gern), sich ständig mit alten Leben auseinanderzusetzen. Das ist alte Energie.

Lasst sie einfach los, die alten Inkarnationen, die alten Erfahrungen, die ihr gesammelt und »abgearbeitet« habt. Die Zeit hat sich geändert. Ihr löst euch von eurem Karma. Entwickelt euch nach vorn. Haltet Ausschau nach neuen Ufern.

Ich sage es gerne noch einmal: Es ist sinnvoll, sich manchmal in gewissen Situationen alte Sachen anzuschauen. Aber generell ist eine Reinkarnationstherapie, so wie es damals in tiefer Liebe von vielen Menschen, von vielen Therapeuten verstanden und auch angewandt worden ist, in der Form nicht mehr notwendig.

*   *   *

FRAGE
Lieber KRYON, ich lese, wir haben alles, was wir für unsere Heilung und den Aufstieg brauchen, in uns, beziehungsweise wir können die geistige Welt darum bitten. Brauchen wir Seminare, Einzelsitzungen, Einweihungen dazu?

ANTWORT
Liebe Freunde, ich sagte es schon, es ist manchmal sinnvoll, Hilfe in Anspruch zu nehmen. Zum Beispiel Menschen, die schon weiter entwickelt sind, zu bitten,

euch zu helfen, in die Meditation hineinzukommen, euch zu unterstützen beim Kontakt zum persönlichen Geistführer oder zu eurem Höheren Selbst. Vielleicht in Einzelsitzungen von helfenden, von der geistigen Welt unterstützten Seelen. Seelen, die in der Neuen Zeit leben und an die geistige Welt angebunden sind.

Aber bitte schaut genau hin: Sind sie in Liebe? Haben sie erkannt, dass es nur Hilfe zur Eigenhilfe sein kann? Gurus gehören der alten Energie an. Menschen, die weise sind, werden es nie dulden, dass sich Menschenmassen um sie herum versammeln und ihnen Huldigung und Heiligsein aussprechen. Bedenke, du bist ein Meisterschaftsanwärter. Du hast deine eigene Göttlichkeit einzunehmen.

Diese irdischen Helfer, die unterstützen können, obwohl du wirklich keine Hilfe von außen brauchst, können dir dienlich sein, Altlasten anzuschauen. Manchmal ist es einfach gut, einmal hinzuschauen, was es denn gewesen ist, was dich so belastet hat, und es ist auch gut, dann Unterstützung zu bekommen, um zu lernen, verzeihen zu können, einfach loszulassen.

Generell ist das nicht notwendig. Es ist aber ein hilfreiches Attribut. Das ist das, was ich zu den Einzelsitzungen sagen möchte.

Alles andere zu diesem Thema habe ich schon erwähnt, aber ich sage es gerne noch einmal: Seminare in der Form, wie ihr sie versteht, Einweihungsrituale und alle diese Dinge, die angeboten werden, sind nicht notwendig.

Die geistige Welt, dein Höheres Selbst, weiß, was gut für dich ist. Das können natürlich Einweihungen sein. Die wirst du vor deinem geistigen Auge sehen oder fühlen. Diese Dinge werden dir dann zugeführt, wenn die geistige Welt denkt, es ist der richtige Zeitpunkt für dich. Denn: Viele Zusammenhänge kannst du hier auf der Erde nicht erkennen, nicht sehen. Sehe einfach vertrauensvoll in deine eigene Person hinein. Vertraue dem, was dein Höheres Selbst für dich aussucht.

Seminare, Gruppentreffen können dann wundervoll sein, wenn man andere Seelen trifft, die die gleichen Erfahrungen sammeln wollen. Trefft euch, tauscht Erfahrungen aus und feiert in Liebe das Zusammensein. Seid nett miteinander, sitzt zusammen, trinkt Tee, esst gesegneten Kuchen, macht es euch ganz einfach gemütlich und genießt die Zeit, in diese Energie hineinzugehen. Das ist ein menschlicher Genuss, den ihr euch gönnen sollt. Meditiert zusammen, ehrt die Neue Zeit.

Wenn euch jemand erzählt, dass ihr ohne Seminare etc. euch nicht weiterentwickelt, seid sicher, es ist nicht korrekt. Es ist ein Attribut der Neuen Zeit, Selbstverantwortung zu übernehmen, selbst zu entscheiden, was mit dir passiert. Nicht andere sollten bestimmen, was für dich gut ist.

* * *

*Bin ich für alles verantwortlich, was mit mir geschieht,
KRYON?*

ANTWORT
Oh, liebe Freunde, selbstverständlich seid ihr verantwortlich für das, was mit euch geschieht. Es passt zu dem Thema Eigenverantwortung, nicht wahr?

Es ist, wenn du karmafrei bist, damit vorbei, zu sagen: »Oh, es sind mir die und die Dinge passiert, weil ich ja das und das erfüllen musste. Es ist mein Schicksal.« Das ist alte Energie.

Es ist korrekt mit dem, was du hier erfüllen wolltest, jetzt in dieser Inkarnation, aber das hast du, wenn du die Neue Energie angefordert hast, abgegeben. Das heißt, du bist karmafrei. Nun gehst du in die Eigenverantwortung.

Du entscheidest, was mit dir passiert. Nicht andere Menschen und auch nicht wir aus der geistigen Welt. Wir können dir nur sagen: »Das würden wir vielleicht tun« und: »Das wäre vielleicht sinnvoll.« Aber wenn du dich erinnerst: Du lebst auf dem Planeten des freien Willens. Du entscheidest, was hier geschieht. Nicht andere Wesen entscheiden das für dich.

Gehe hinein in die Eigenverantwortung. Schaue genau: Was ist jetzt zu tun in meinem Leben? Wie funktioniert das mit mir? Was kann ich tun? *Du* bestimmst, was geschieht. Es ist *dein* Weg. Es ist *deine* Entscheidung. Was immer du auch tust. Was immer du dir wählst für deine Zukunft. Darüber sprach ich auch schon in den anderen Kapiteln. Du bist verantwortlich für deine Zukunft. CO-KREIERE dein neues Leben!

* * *

FRAGE

Lieber KRYON, was ist mit dem Verjüngungstempel, über den du uns berichtet hast? Ist er für uns zugänglich? Existiert er im ätherischen Bereich?

ANTWORT

Oh, das ist eine interessante Frage, liebe Freundin. Es ist das, was euch sehr beschäftigt, nicht wahr? In die Verjüngung hineinzugehen. Eure Welt ist ja sehr ausgerichtet auf das, was man Schönheit, Jungsein, Dynamik nennt. Ist es das, was ihr wollt? Dass keine Falte mehr in eurem Gesicht ist? Ganz glatt wollt ihr eure Haut sehen. Bedenkt, ihr seid noch im Zeitalter der Polarität.

Zu Atlantis-Zeiten gab es einen Verjüngungstempel. Ich beschrieb ihn schon öfter. Dieser Verjüngungstempel existiert natürlich im ätherischen Bereich weiter. Es ist ja nicht so, dass durch den Untergang von Atlantis alle Dinge, alles Wissen verloren gegangen ist. Selbstverständlich werden diese Dinge gehütet. Und wenn ihr wollt, wenn es euch Freude bereitet, besucht nachts doch einmal diesen Verjüngungstempel. Bevor ihr abends eure Augen schließt, bittet darum, dass man euch dorthin führt.

So ist es natürlich mit vielen ätherischen Bereichen. Nicht nur mit dem Verjüngungstempel.

Euch wurden vor langer, langer Zeit verschiedene göttliche Strahlen geschenkt. Seit dreißig Jahren sind es nicht mehr sieben, sondern zwölf. Diese Strahlen werden gehütet von vielen Meistern, von einigen Elohim und von sehr, sehr vielen Helfern.

Auch die könnt ihr des Nachts, um euch weiterzuentwickeln, besuchen. Das ist ein wundervolles Attribut, das euch gereicht wurde in dieser neuen Zeit. Diese göttlichen Strahlen sind in eure Kausalkörper eingespeichert. Setzt euch damit auseinander, nehmt diese Hilfen in Anspruch.

Der Verjüngungstempel steht euch zur Verfügung. Bevor ihr abends die Augen schließt, bittet einfach darum, den Tempel besuchen zu dürfen.

Selbstverständlich kannst du auch am Tage, wenn deine geistigen Reisen schon ein bisschen weiterentwickelt sind, den Verjüngungstempel besuchen.

Schau dich dort um. Versuche zu erkennen, wie er funktioniert. Was geschieht, wenn du dort bist? Es ist eine sehr effektive Sache. Bedenke, geistige Arbeit und geistige Zusammenarbeit werden immer wichtiger. Denn: Die Erde verändert sich. Ihr verändert euch. Viele Wirkungsweisen verändern sich.

Sei vertrauensvoll. Denke nicht, dass es nur Spaß oder Fantasie sei, wenn du des Nachts den Verjüngungstempel besuchst. Es hat seinen Sinn, und es hat seine Effektivität. Es ist eine heilige Sache.

Der Verjüngungstempel ist für jeden da, der ihn gerne aufsuchen möchte. Die Türen und Tore sind geöffnet. Erhebe dich und gehe hinein.

Lieber KRYON, es wird im Zusammenhang mit dem Aufstiegsprozess oft von der Verjüngung des Menschen gesprochen. Wann setzt sie ein? Wie merken wir es? Können wir etwas dafür tun?

ANTWORT

Ich weiß, liebe Freunde, das ist ein wichtiges Thema für euch: »Wie komme ich in den Verjüngungsprozess hinein?« Diese Frage beantworte ich besonders gern, da sie euch sehr interessiert, nicht wahr? (KRYON schmunzelt.)

Die Verjüngung ist ein Prozess, der automatisch vonstattengeht, wenn ihr die Absicht ausgesprochen habt, in die Neue Energie, in die Neue Zeit hineinzugehen. Er geschieht nicht von einer Sekunde zur anderen, nicht von heute auf morgen. »Es« passiert automatisch, so wie es für jeden einzelnen von euch angemessen ist.

Der Verjüngungsprozess gehört also dazu, wenn du dich in den Aufstieg hineinbegibst. Wenn deine DNS sich verändert, wenn deine Schichten aktiviert werden und du in deinen Lichtkörperprozess hineingehst. Es ist eine bestimmte Stufe dieses Prozesses, an der die Verjüngung langsam eintritt. Es ist aber bei jeder Seele anders, denn jeder von euch hat seine eigene Entwicklung.

Die DNS und der Lichtkörperprozess sind sehr schwer zu beschreiben. Dafür gibt es kaum ausreichend menschliche Worte. Es ist ein Prozess, der individuell ist, und so vertraue du bitte auch auf deinen persönlichen Verjüngungsprozess.

Wenn du einen bestimmten Punkt deiner Entwicklung erreicht hast, werden sich deine Zellen immer mehr lichten und hellen; sie werden jünger, gehen wieder in ihren ursprünglichen Zustand zurück. Die Organe klären sich, lösen sich von Verschlackungen und alten Mustern, sie bekommen ihre ursprüngliche Elastizität zurück und können ihre Aufgabe ohne Störungen erfüllen.

Du kannst etwas dafür tun, um diesen Prozess zu unterstützen; ich möchte nicht sagen beschleunigen. Dieser Prozess ist nicht beeinflussbar.

Da wäre erst einmal die Pranaatmung, die ich sehr empfehle. Du kannst diese Atmung in Yoga-Büchern oder anderen östlichen Lehrbüchern nachlesen und üben. Du konzentrierst dich bei der Atmung auf dein Herz, dann auf den unteren und den oberen Bereich von deinem Körper. Dort bist du unten mit der Mutter Erde verbunden und im oberen Bereich mit der geistigen Welt. In der Mitte deines Körpers, von oben nach unten und über deinen Körper hinaus, jeweils Richtung Himmel und Erde, befindet sich deine Pranaröhre, eine Energieleitung sozusagen, die dich mit Energie aus der Quelle versorgen kann. Wenn du beim Einatmen die Energie von oben und unten in deine Mitte, in dein energetisches Herz, gemeinsam einziehst, dort in deinem Herzen sammelst, etwas verweilst und dann die Energie ganz gezielt in jede Körperzelle aussendest, füllst du dich mit göttlicher Energie auf. Diese Atmung betreibe so oft wie möglich. Du wirst eine körperliche und seelische Veränderung spüren. Du fühlst dich klarer und feiner. Vielleicht setzt diese sogar den Prozess der Reinigung für andere Bereiche in Gang. Du spürst vielleicht den Drang, dein Heim von alten Möbeln und angesammelten Dingen, die nicht mehr in dein neues Leben passen, zu reinigen.

Deine Zellen werden sich auch ganz anders anfühlen, wenn du diese Atmung in dein tägliches Dasein einfügst. Es strömt eine wunderbare Energie durch deine Zellen hindurch – wie ein Lichtstrahl. Damit kannst du selbst arbeiten und deine Zellen bei ihrem Prozess unterstützen. Dies ist ein Handwerkzeug der Neuen Zeit. Nutze es!

Ein weiterer Tipp zur Eigenhilfe: Sprich mit deinen Zellen. Sende ihnen liebevolle Worte, und vielleicht magst du auch einmal in deine Zellen hineinschauen? Sie warten auf Kontaktaufnahme, denn du bist ihr »Boss«. Du entscheidest, was passiert. Erinnere dich, welch ein wunderbares Geschöpf du bist, ein Geschöpf Gottes, das am Schöpferplan mit teilnehmen kann.

Begib dich einmal in deinen Körper hinein und versuche, mit deinem Körper ganz konzentriert zu arbeiten. Mit jedem einzelnen Organ kannst du sprechen.

Gehe mit deinem inneren Auge in die Organe hinein und schaue, was dort geschieht. Von dort kannst du zu den einzelnen Zellen weitergehen. Gehe immer tiefer in jede Zelle, in jedes Atom hinein. Es werden dir dort wundervolle Dinge begegnen. Du wirst verstehen, wie alles funktioniert und wie das Universum arbeitet.

Schicke in deinen Körper Licht und Liebe hinein. Sprich mit deinen Organen und frage sie, was du für sie tun kannst, damit es ihnen gut geht. Jedes Organ wird dir eine Antwort geben. Vielleicht möchte es eine bestimmt Farbe haben, oder es hat nicht genug Licht und Energie bekommen. Oder es erbittet – weil es sich unbeachtet fühlt – mehr Aufmerksamkeit. Das ist eine wundervolle Art, den eigenen Körper kennenzulernen. Viele von euch, ihr Lieben, schenken dem physischen Körper kaum Beachtung. Dabei ist er der wichtigste Partner bei eurem Dasein hier auf der Erde.

Beschäftige du dich also ausführlich mit deinem Körper. Benutze dazu einfach dein inneres Auge und dein inneres Ohr, und du wirst wundervolle Dinge erleben.

Dann möchte ich dir noch raten, ein bisschen auf deine Ernährung zu achten und genau zu schauen, was du isst. Viele Menschen neigen dazu, nicht zu überlegen, was sie essen. Vielleicht aus Macht der Gewohnheit essen sie jeden Morgen dasselbe. Ich empfehle dir: Frage einmal dein Höheres Selbst: »Was ist denn heute gut für mich? Was braucht mein Körper heute? Was soll ich essen?« Der Körper ist ja ein lebendiges wunderbares kleines Universum und braucht vielleicht jeden Tag etwas anderes. Heute ist Obst gut für dich, morgen vielleicht überwiegend Vollkornnahrung.

All das kannst du mit deinem Höheren Selbst abstimmen. Führe dir das zu, was dein Körper im Moment wirklich braucht. Löse dich von den Mustern, die man dir beigebracht hat, was man zum Beispiel morgens zum Frühstück essen und was man im Laufe des Tages zu sich nehmen soll. Beachte auch, wie viele süße Leckereien du zu dir nimmst. Das, was ihr Zucker nennt, setzt etwas in deinem Körper in Gang, was eine Unzahl von negativen Folgen mit sich bringt. Es wird sicherlich nicht leichtfallen, diese Art der Nahrung zu reduzieren, denn viele Menschen lieben Zuckerzeug. Ihr habt sie in der Kindheit so oft bekommen, dass euer Körper sich schon daran gewöhnt hat. Oft haben euch die Eltern diese Schlecksachen sogar auch noch als Belohnung gereicht. Sie legten – meist unwissend – einen fatalen Grundstein. Eurer Körper hat sich nun an diese Nahrungszufuhr gewöhnt. Es ist fast wie ein Suchtverhalten.

Und dieses Potenzial ist in deinen Zellen gespeichert. Gezielte Nahrungsaufnahme unterstützt deinen Verjüngungsprozess.

Probiere auch, nicht so große Portionen zu essen. Vielleicht isst du manchmal mehr, als dein Körper wirklich braucht. Oft hast du nur Appetit und keinen Hunger mehr. Vielleicht kannst du zwischendurch STOPP machen und das Universum darum bitten, dass man dein restliches Bedürfnis nach Nahrung durch die universelle Energie auffüllt. Sprich einfach die Absicht aus, dass das Universum für den Rest der Nahrung, die gut für dich ist, sorgen möge. Es wird geschehen. Das gilt auch für die lebensnotwendigen Mineralstoffe, Vitamine etc.

Übrigens: Irgendwann wirst du dich von dieser Energie ganz ernähren. So kannst du es schon einmal probieren, und du wirst spüren, dass dein Körper sich wunderbar anfühlt und das Hungergefühl weggeht, wenn du die göttliche Energie so arbeiten lässt.

Der Weg für eure Zukunft ist, dass das Universum euch ganz mit Energie versorgt. Das ist es, was ihr Lichtnahrung nennt. Auch dies ist ein Prozess, der nicht ganz plötzlich vonstattengeht, sondern Stück für Stück, langsam, eurer Entwicklung angemessen. Euren Zellen ist diese Art der Nahrungsaufnahme allerdings wohlbekannt. Es gab eine Zeit hier auf der Erde, wo ihr so lebtet. Erinnert euch an Atlantis.

* * *

FRAGE
Wie finden wir die ideale Partnerschaft? Bleiben alte Verbindungen bestehen oder müssen wir uns in der Neuen Energie von unseren Lebenspartnern trennen?

ANTWORT

Ich spreche oft davon, dass es wichtig ist, sich erst einmal um sich selbst zu bemühen. Ich meine das nicht egoistisch, sondern dass der Mensch, wenn er mit anderen besser umgehen möchte, zuerst einmal sich selbst finden muss. Setze du dich mit dir selbst auseinander. Finde du den Stein der Weisen in dir selbst. Verbinde dich mit dem Geistführer und dem Höheren Selbst, meditiere. Dann wirst du dich auch anderen Menschen zuwenden können. So wird es auch in deiner Partnerschaft sein.

Es kann sein, dass du dich spirituell weiterentwickelt hast, dass du auf dem Wege bist in die Neue Energie und merkst, dass dein Partner sich dafür gar nicht interessiert und es vielleicht sogar ein bisschen belächelt.

Sei nicht traurig darüber. Bedenke, dass jeder Mensch seine eigene Entwicklung hat. Dein Partner ist ganz einfach noch nicht so weit. Es wird vielleicht noch etwas dauern. Es macht keinen Sinn, den Partner ständig mit den Dingen, die du erlebst, zu konfrontieren, ihn immer wieder daraufhin anzusprechen und zu sagen: »Die Themen sind auch für deine Entwicklung gut.« Gib ihm die Möglichkeit, sich selbst zu entwickeln.

Vielleicht wird es eine Zeit dauern. Vielleicht braucht er länger, als du es dir wünschst. Aber bedenke, der Same ist gesät. Die Ideen, die du mit in diese Beziehung hineinbringst, werden irgendwann ihre Fruchtbarkeit zeigen. Denn du hast dir diesen Partner gewählt. Ihr seid ja nicht zufällig zusammen. Habe einfach ein bisschen Geduld.

Es kann durchaus sein, dass dein Partner gewisse spirituelle Standpunkte herausfindet und sich plötzlich mit dir darüber unterhalten möchte. So könnt ihr gemeinsam versuchen, eure Beziehung in eine neue Bahn zu lenken.

Es könnte ebenso sein, dass du dich in deiner Partnerschaft nicht wohlfühlst. Wenn du durch den Prozess herausgefunden hast, dass er nicht der richtige Partner für dich ist, dann prüfe für dich, ob es gut ist, diese Beziehung aufrechtzuerhalten. Wenn du wirklich feststellst, dass es nicht der richtige Weg für dich ist, dann solltest du dich von ihm trennen und lösen. Da kann die Neue Energie auch ein kleiner Motor sein, dein Leben selbst in die Hand zu nehmen und eine neue Richtung einzuschlagen.

Es gibt aber auch Partnerschaften, wo sich etwas ganz Wundervolles entwickeln kann. Wenn du zum Beispiel feststellst, dass sich dein Partner auch für diese Themen interessiert und ihr den Weg gemeinsam gehen könnt. Zusammen in die Neue Zeit hineinzugehen, in die Neue Energie, ist ein göttliches Geschenk, eine wundervolle Sache. Ihr werdet merken, dass eure Partnerschaft eine ganz andere Qualität bekommt.

Ich sprach oft darüber, dass in dieser Lebensphase möglicherweise auch alte Freunde gehen und neue Freunde hinzukommen. Genauso kann es sich natürlich auch mit einem Partner verhalten, weil dein Magnetfeld sich verändert und du automatisch ganz andere Wesen anziehst, und so kann es natürlich auch mit einem neuen Lebenspartner sein. Wenn du voll in deine Kraft hineingehst, ziehst du ganz andere Menschen an. Dies kann auch der richtige Partner sein, der spirituell schon lange auf der Suche ist. Und so kann dann eine optimale Partnerschaft entstehen.

Du siehst also, es gibt verschiedene Möglichkeiten, sich weiterzuentwickeln. Es kann auch eine Beziehung entstehen, in der sich jeder auf seine Art und Weise weiterentwickelt und dein Partner vielleicht diesen spirituellen Weg in der Form nicht gehen will, ihr aber trotzdem durch euer Nebeneinander eine wundervolle Partnerschaft führen könnt. Sie steht dann auf einer anderen Ebene. Toleranz und Liebe sind immer ein guter Partner für ein gemeinsames Zusammensein. Versteht nun, es gibt verschiedene Möglichkeiten, sich zu verwirklichen und den richtigen Weg zu finden.

* * *

FRAGE
Lieber KRYON, wie können wir sicher sein, dass wir es mit dem Höheren Selbst *zu tun haben und nicht mit einer anderen Energie, die wir vielleicht gerade anziehen, aber nicht haben wollen?*

ANTWORT
Das, was wir das Höhere Selbst nennen, ist dein göttlicher Funke. Es ist der Teil von dir, der aus der Quelle

kommt. Dieser Teil von dir – ich spreche oft von dem goldenen Engel – ist der Teil, der in tiefer Liebe zu dir ist. Wenn du in der Meditation in den goldenen Raum hineingehst, wirst du spüren, dass es eine wundervolle, herzliche, warme, liebevolle Energie ist. Wenn du feststellst, das dort irgendetwas ist, das sich nicht gut anfühlt, nicht in tiefer Liebe ist, oder wenn du kommunizierst und deine Botschaften sich nicht gut anfühlen, dann gehe bitte sofort aus dieser Energie heraus.

Du wirst aber merken, dass diese Dinge nur in der Übergangszeit passieren, wenn die Neue Energie in dich hineinströmt, wenn du noch nicht von Karma befreit bist. Wenn du fest in der Neuen Energie bist, ist deine Anbindung an die geistige Welt, zu deinem Göttlichen Funken, sehr stark und klar, denn du wirst immer mehr mit dir selbst arbeiten. Dein Kanal, deine göttliche Verbindung stabilisiert sich. Deine Zellen werden immer klarer, und der Kontakt wird immer reiner. Du wirst nur ganz selten in etwas hineinrutschen, das sich nicht gut anfühlt.

Die Energie, die ihr als dunkel empfindet, gibt es eigentlich nicht. Ihr habt sie in der Dualität selbst erschaffen. Es ist dann vielleicht sogar ein Stück von dir, das noch nicht ganz geklärt und gereinigt ist. Geh aus der Verbindung heraus und beginne noch einmal von vorne. Frag auch gerne einmal: »Bist du im Namen des EINEN?« Wenn du dann eine Antwort bekommst, die nicht klar ist, dann weißt du, dass dieser Kontakt nicht der ist, den du pflegen möchtest. Vertraue, und bitte deine Geistführer, dich zu unterstützen. Festzustellen, was eine gute und eine nicht so gute Energie ist, gehört ebenso zu deinem Lernprozess, wie unterscheiden zu können: Was ist gut für mich, und was ist nicht gut für mich.

Wenn du Schwierigkeiten hast, überhaupt festzustellen, ob du mit deinem Höheren Selbst verbunden bist oder vielleicht mit deinem Geistführer oder einem anderen Teil von dir, gehe ins Gefühl. Wie fühlt sich diese Energie an? Dein Höheres Selbst ist reine Liebe. Es ist die höchste Präsenz der QUELLE. Dieses Gefühl wirst du jederzeit erkennen.

Teile von dir wie Angst und andere Muster, die dich noch begleiten, lassen sich auch transformieren, ausgleichen und integrieren, indem du Kontakt zu diesen Aspekten von dir aufnimmst. Frage: »Warum bist du da, Angst?« Dann sprich mit der Angst und versuche zu klären, was dir Angst vor einer bestimmten Situation oder einem Menschen verursacht. Vielleicht ist es noch Karma oder ein altes Muster. Das kannst du dann auflösen.

* * *

FRAGE
Lieber KRYON, ich habe gehört, dass manche Menschen noch mit Schwüren, Eiden und Verbindungen aus alter Zeit belegt sind. Ist das korrekt, und was kann ich dagegen tun?

ANTWORT

Liebe Freunde, fast alle von euch haben irgendwann einmal einen Schwur oder einen Eid geleistet oder sind mit einem Fluch belegt worden in alter Zeit. Das gehört auch zu euren Lernaufgaben. Die meisten von euch haben diese Erfahrungen schon abgelegt, karmisch abgearbeitet und sind befreit.

Einige von euch hängen aber noch an alten Erlebnissen fest, meist ohne es zu wissen. Stell dir vor, du warst in einer Verbindung, vielleicht in einer kirchlichen Verbindung oder in einer schlagenden Verbindung, und hast geschworen, dieser Gruppe ewig und immer treu zu sein. Vielleicht hat die Gruppe dann einen anderen Weg eingeschlagen und ist nicht mehr im Licht, aber du bist immer noch mit ihr verbunden. Oder vielleicht hast du in einem Leben einem Mann tiefe Liebe und immer während Treue geschworen und bist mit diesem Menschen immer noch verhaftet und wunderst dich, warum du keine ganz normale liebevolle Beziehung zu einem anderen Mann aufnehmen kannst.

Vielleicht hat dich in alter Zeit jemand mit einem Schwur belegt, weil er dich nicht leiden konnte, weil er dich hasste, weil du ihm vielleicht etwas angetan hast. Er hat geschworen, dass du nie von ihm loskommen wirst oder immer unter einer bestimmten Sache leiden sollst. Solche alten Lasten könnten noch in deinen Zellen gespeichert sein. Vielleicht sind es auch Belastungen aus Verbindungen mit denen, die ihr »Außerirdische« nennt.

Ich möchte dich dann bitten: Verbinde dich mit deinem Höheren Selbst oder auch mit deinem Geistführer und frage einfach nach, ob es auch für dich zutrifft, und bitte darum, dass man dich von diesen alten Schwüren, Eiden und Flüchen aus alter Zeit loslöst.

Mein Bruder Michael mit dem blauen Lichtschwert wird dann da sein und dich energetisch von den alten Dingen befreien (siehe Übung 2). Erzähle gerne auch anderen Menschen von dieser Information. Auflösungen dieser Art sind Transformationsarbeit und wichtig für die Weiterentwicklung.

* * *

FRAGE
Hat die Tatsache, dass in diesem Land Deutschland und auch in Österreich und in der Schweiz besonders viele große Wissenschaftler, Denker, Dichter, Musiker und Mystiker geboren wurden und gelebt haben, etwas mit dem alten Wissen von Atlantis zu tun?

ANTWORT
Das ist eine interessante Frage.

Es hat zum Teil etwas mit Atlantis zu tun. Es ist hier aus der alten Zeit vieles gehütet worden. Aber der Hauptgrund ist, dass dieses Land mit vielen alten wunderbaren Wurzeln belegt ist. Auf diesem Fleckchen Erde sind viele wichtige Dinge vor langer Zeit geschehen.

Sehr viele Völker sind hier durchgewandert und haben ihre kulturellen Spuren, auch energetisch, hinterlassen, die durch ihren Tod ja nicht verschwunden sind. Es ist ein Thema, das ich hier nicht so ausführlich behandeln kann, aber erkundigt euch einmal in guten, auch zum Teil gechannelten Schriften über die Urvölker dieser Erde und wie diese Völker hierhergekommen sind. Es sind zum Teil Außerirdische, so würdet ihr sie nennen, also Wesen von anderen Planeten, die hier ihre Biologie zur Verfügung gestellt haben. Es sind Völker unterschiedlicher Hautfarbe hier auf der Erde gewesen. Alle diese Völker haben sich hier auf der Erde weiterbewegt. Viele sind durch dieses Land hindurchgewandert und haben es geprägt. Es gibt hier sehr starke Wurzeln, denn bedenkt: Alles, was geschieht, ist auch in den elektromagnetischen Feldern dieser Länder gespeichert. Das heißt: Wenn ein Land sehr viel erlebt hat, sehr viele gute Dinge auch gespeichert hat, wird ein Volk davon immer zehren können.

Es kann natürlich ebenso sein, dass ein Volk auch karmische Verbindlichkeiten abzulösen hat.

So stellt euch vor, dass auch in Deutschland sehr viele gute Dinge geschehen sind und hier sehr viel angesiedelt ist. Es haben sich sehr viele weise Seelen entschlossen, hier in diesem Lande zu inkarnieren und das Wissen, das sie aus der geistigen Welt empfangen haben, an andere Menschen weiterzugeben.

Hier ist immer eine besonders starke Affinität vorhanden gewesen, großes Wissen auf allen Gebieten aufzunehmen, zu halten, zu verbreiten und auch verantwortlich neues Denken zu vermitteln. Bedenkt auch, was jetzt wieder auf Deutschland zukommt, nämlich die Entwicklung und Unterstützung des neuen kulturellen und geistigen Europas. Dies hat bereits einige Male vor langer Zeit in diesen Landen stattgefunden. Hier war oft schon ein Zentrum, in dem vieles begann. Manchmal leider auch nicht immer nur Gutes. Wenn ihr auf große Erfindungen anspielt, seid gewiss, hier und in euren (jetzt) angrenzenden Nachbargebieten wurden viele nobelpreisreife »Erfindungen« hervorgebracht. Das war auch kein Zufall. Die Zeit und die Menschheit waren reif für die Neuigkeiten aus dem allumfassenden Geist, und der Boden ist hier sehr fruchtbar, um dies alles gedeihen zu lassen.

* * *

FRAGE
Wenn wir das Geschenk der Karmaauflösung annehmen, heißt das auch, dass wir karmafrei bleiben? Oder müssen wir immer wieder um Auflösung bitten?

ANTWORT
Das ist eine sehr sinnvolle Frage. Selbstverständlich könnt ihr euch jederzeit wieder Karma aufladen. Aber ich glaube, liebe Freunde, ihr werdet den Weg in die Karmabindung nicht mehr eingehen. Ihr habt sehr viel erfahren, ihr seid euch sehr bewusst. Ihr seid alte Seelen, und ihr wisst auch, was es bedeutet, sich wieder Karma aufzuladen.

Deine Geistführer und dein Höheres Selbst werden dir den Weg weisen. Selbstverständlich können sie dich nicht immer an die Hand nehmen, denn du entscheidest, was passiert. Du bist in deiner Eigenverantwortung. Aber ich denke, wenn du alles gut überprüfst, deine Wege mit der geistigen Welt besprichst, warum solltest du dir wieder Karma aufladen?

Früher hat es oft lange gedauert, eine karmische Sache wieder abzuarbeiten. In der Neuen Zeit ist es anders. Wenn du jetzt wieder Karma erzeugst, wird es schnell wieder auf dich zurückkommen. Es wird nicht Jahrhunderte dauern, sondern du wirst es in diesem Leben gleich wieder aufarbeiten können (müssen). Stelle dir einfach vor, dass alles, was du jetzt säst, relativ schnell auf dich zurückkommt. Das hat alles mit der Neuen Zeit, mit der neuen Umlaufbahn der Erde und den sich ständig erhöhenden Schwingungen zu tun.

Verstehe also das Prinzip: Wenn du Karma erzeugst, wird es dich relativ schnell wieder einholen. Warum willst du diese Umwege gehen? Versuche einfach, bei dir zu bleiben. Gehe deinen Weg ins Licht. Du weißt, was jetzt zu tun ist, und vertraue deiner geistigen Führung.

* * *

FRAGE
Ist die Lautstärke, die uns in den Diskotheken und Kinos aufgedrängt wird, schädlich für uns?

ANTWORT

Wer sich auf den Weg in die Neue Zeit begibt, wird feststellen, dass sich vieles verändert, unter anderem auch die Lärmempfindlichkeit. Ihr werdet es manchmal einfach nicht mehr ertragen, wenn es zu laut ist. Das hat etwas mit eurer Sensibilisierung zu tun, mit der Umwandlung, eurer Transformation. Auch für die Menschen, die nicht in die Neue Energie gehen, ist laute Musik nicht angenehm; sie richtet Schaden im gesamten Körper an.

Eure Musik ist eine Art von Ton, und ihr kennt die Kraft der Töne, denn Töne sind Schwingungen. Eine Überlautstärke und fehlgeleitete Töne sorgen für Disharmonie, Krankheit und Zerstörung. Der Mensch wird aus dem Gleichgewicht geworfen. Die »richtigen« Töne können ebenso Menschen in die Heilung führen. In diesem Zusammenhang möchte ich auf den Untergang von Atlantis hinweisen. Er hängt mit dem Missbrauch von Tönen zusammen.

Wehrt euch dagegen, überlaute Töne konsumieren zu müssen. Prüft genau, mit welcher Musik und mit welchen Tönen ihr euch umgebt. Manchmal ist es wirklich besser, in der Stille zu sein, denn jeder Ton hat eine Wirkung. Ihr habt euch in Atlantis-Zeiten damit sehr ausführlich beschäftigt.

Erkundige du dich doch einmal bei deinem persönlichen Geistführer oder deinem Höheren Selbst, ob du damals mit Tönen gearbeitet hast. Vielleicht warst du ein Spezialist in Tönen. Es gibt sehr viel Interessantes und neues Altes für dich zu erfahren. Vielleicht kannst du dieses neue Wissen in deine Arbeit oder dein tägliches Leben einbauen.

Töne können heilen. Das war euch in Atlantis bekannt, und es war ein Teil eurer Heilarbeit.

Ich – KRYON – bestehe unter anderem auch aus Tönen, sie beeinflussen meine Präsenz. Meine stärkste optische (getonte) Präsenz ist Kupfer.

Denkt über diese göttliche Physik nach. So funktioniert auch euer System. Alle Töne haben auf die menschliche Aura, auf alle eure Körper, den menschlichen Organismus und eure Entwicklung eine große Wirkung.

Durch eure und die Schwingungserhöhung der Erde ist es möglich, eine besondere Art von Tönen und deren Nuancen zu empfangen und zu produzieren. Sie stimulieren euch auf eine besondere, neuzeitlich angemessene Art. Informiert euch darüber.

* * *

FRAGE
Es wird überall von Androgynität gesprochen. Entwickeln wir uns alle dahin, KRYON?

ANTWORT
Liebe Freunde, ihr kommt aus der Androgynität, und ihr werdet dorthin zurückgehen, aber nicht von einer Sekunde zur anderen. Stellt euch einfach vor, ihr seid vor langer Zeit EINS gewesen. Es war beides in euch

selbst vereint, und irgendwann habt ihr euch geteilt. Das ist die Geschichte der Menschheit. Ganz so, wie es euch in euren Geschichtsbüchern beschrieben wird, ist es nicht geschehen. Aber das ist eine andere Geschichte.

In eurem persönlichen Körper habt ihr jetzt auch noch beide Prinzipien, männlich und weiblich. Allerdings lebt ihr jetzt auf der Erde vorwiegend mit einem dieser Prinzipien. Als Mann oder als Frau seid ihr auf diesem Planeten zurzeit inkarniert. In euch selbst schlummert aber auch der zweite Teil als ein geistiges Prinzip.

Aber ihr seid vor langer Zeit in zwei Teile geteilt worden, das heißt: Der Mann und die Frau sind entstanden. Nun ist es Zeit, langsam wieder zurückzugehen. Aber selbst in der fünften Dimension werdet ihr noch nicht ganz wieder miteinander vereint sein. Der Werdegang wird noch ein bisschen länger dauern und ist nicht so zu verstehen, dass es hier auf dem Schulungsplaneten Erde geschieht. Erinnert euch: Ihr stammt aus der Quelle. Die Quelle will sich erfahren. Deshalb seid ihr hier und wart wahrscheinlich schon auf anderen Planeten, um eure Aufgaben zu erfüllen. Und zu dem entstandenen Lernprinzip gehört es, da ihr hier in der Dualität seid, diese Erfahrung der Trennung zu leben und zu erfahren. Eine Verschmelzung beider vorhandenen Teile wird nicht in dieser Zeit stattfinden.

Ihr werdet vorerst eine Aufgabe anzugehen haben:

Zuerst einmal gilt es, männlich und weiblich in diesem Körper miteinander zu vereinen. Du sollst lernen, in deiner Mitte zu sein. Deine weiblichen und männlichen Prinzipien miteinander verschmelzen zu lassen.

Damit hast du im Moment sehr viel zu tun. Es ist sicherlich nicht ganz einfach, aber du bekommst natürlich Unterstützung aus der geistigen Welt. Die Vereinigung hat viele Stufen und hängt auch mit der Aktivierung und Verbindung von euch weniger bekannten Chakren zusammen. Ihr habt mehr als die euch sieben bekannten Chakren. Die DNS-Aktivierung, der Lichtkörperprozess, steht mit der Verschmelzung in Verbindung. Aber das Wichtigste, was unterstützen kann, diese himmlischen Parts zu vereinigen, ist die Aktivierung der Herzensenergie. Es ist das Erkennen und Leben der Christusenergie, der allumfassenden Liebe. Auch die Liebe zu dir selbst, denn sich selbst zu lieben bedeutet, mit dem EINEN verbunden zu sein, mit allem zu verschmelzen. Entdecke die Kraft der Liebe! Ohne diese Erkenntnis wird die göttliche Vereinigung nicht stattfinden. Das ist deine persönliche Aufgabe, die alles ins Rollen bringt.

Der erste Schritt zur Androgynität, wie ihr es nennt, ist, in dem einen Körper geistig beides zu vereinen. Eine ganzheitliche Verbindung ist erst möglich, wenn ihr die Dualität verlassen habt. Ihr lebt hier als »fleischliche«, materielle Wesen. Eigentlich seid ihr große Lichtwesen, erkennt die Zusammenhänge.

Du bist mit jedem anderen Wesen immer verbunden gewesen. Alles ist EINS.

Der wichtige Schritt in dieser Zeit ist die Aktivierung der weiblichen Seite eines jeden Menschen. Das Erwachen der weiblichen Attribute. Das hat etwas mit Schöpfertum, allumfassender Liebe, Beschützen, Nähren, in Liebe leiten und führen zu tun.

Durch diese polare Gleichstellung der beiden Anteile gelingt es, den Frieden auf die Erde zu bringen. Weitgreifende Entwicklungen stehen an. Ein Politiker, der seine weibliche Seite angenommen hat, wird seine Entscheidungen, die Menschheit und Erde betreffen, intuitiv, wohlwollender, aus einer anderen Perspektive treffen. Er wird ganzheitlich fühlen und seine Aufgabe intuitiv abwägend verantwortlich erfüllen. Das ist das Ziel.

Du hast hier in dieser Lernerfahrung »Erde« einen sogenannten Zwillingspartner, eine Zwillingsseele. Das ist der andere Teil von dir, von dem du vor langer Zeit getrennt wurdest. Manche von euch treffen die Zwillingsseele hier auf der Erde während einer Inkarnation. Aber meistens ist das nicht der Fall.

Stell dir einfach vor, dass dieser Teil von dir auf der anderen Seite im Astralbereich ist, und ihr euch irgendwann wieder ganz miteinander vereinen werdet. Wahrscheinlich hilft er dir sogar, deine Lernaufgaben hier zu erfüllen. Nachts besprecht ihr sicherlich viele Entscheidungen, die du dann in deinem Leben hier umsetzt.

Die vollständige Vereinigung ist noch nicht möglich. Bis dahin lebe den Weg der Liebe, der Wegweiser zur Vereinigung ist.

* * *

FRAGE
Lieber KRYON, was kannst du mir über Zufälle sagen?

ANTWORT
Es gibt keine Zufälle. Aber das hast du dir bestimmt auch schon gedacht. Das Universum funktioniert wie ein gut geführtes Unternehmen, so würdet ihr es irdisch ausdrücken. Alles ist geplant. Nichts ist rein zufällig. Das, was du hier auf der Erde durchlebst, das heißt, ob du karmafrei bist oder ob du jetzt neu in gewisse Prozesse hineingehst.

Natürlich gibt es Begegnungen und Erlebnisse, die dir angereicht werden, die einfach für deine weitere Entwicklung wichtig sind. Wenn du alte karmische Sachen noch mit dir trägst, ist es klar, es gibt keinen Zufall, es sind geplante Dinge. Es sind geplante Themen, die du dir ausgesucht hast. Wenn du dich vom Karma befreit hast, und du bist in der Neuen Energie und gehst bald in deinen Lichtkörperprozess hinein, wird es gewisse neue Erfahrungshilfen geben, die man dir anreicht. Erfahrungsmöglichkeiten, die wichtig sind für deinen weiteren Prozess.

Du entscheidest natürlich, inwieweit du diese Erfahrungsbereiche annehmen willst oder nicht. Aber es sind keine Zufälle, sondern sie sind passend für deine

Entwicklung. Sie werden dir geschenkt, damit du diese Erfahrungen sammeln kannst.

Zufälle gibt es wirklich nicht. Denk mal über die Kraft der Gedanken nach. Was du alles produzierst durch die Kraft der Gedanken, und was du damit in Gang setzt.

Wenn dir jemand begegnet und du sagst: »Oh, das ist aber schön, dass ich dich heute getroffen habe. Was für ein Zufall« – dann sei sicher, dass das, was da geschieht, so sein soll und seinen Sinn hat.

Vielleicht habt ihr gemeinsam eine alte karmische Sache zu erledigen. Vielleicht kannst du mit dem Treffen auch etwas bewirken. Vielleicht gibt es einen kleinen Schubs für dich oder für den anderen. Es können aber auch ganz andere Dinge passieren durch euer Treffen. Denk mal darüber nach. Es gibt keine Zufälle.

* * *

FRAGE
Lieber KRYON, kann jeder von uns channeln?

ANTWORT
Oh, liebe Freunde, es ist für jeden möglich, zu channeln. Das ist ein Attribut der Neuen Energie. Erinnert euch! Das Magnetgitter ist gerichtet. Der Schleier ist gelüftet. Ihr habt Kontakt zur geistigen Welt.

Ihr könnt das tun, was viele Menschen vor euch nicht konnten: Kontakt haben zur geistigen Welt und Botschaften empfangen. Wenn du dich nach innen hineinbegibst zu dir, Kontakt hast zu deinen Geistführern, zu deinem Höheren Selbst, bist du auch ein Channel, ein Kanal.

Wenn du dir ein Tagebuch anlegst und alle Botschaften, die du täglich empfängst – denn ich hoffe ja, du gehst in deine Meditation jeden Tag hinein –, dann bist du das, was man ein Channel nennt. Du schreibst es auf. Du siehst die Worte. Du kannst es nachlesen.

Es ist übrigens ein wunderbares Gefühl, wenn man diesen Kontakt hat, wahrzunehmen, welche himmlischen Botschaften einem durchgegeben werden, Botschaften, die passend sind für die eigene Entwicklung.

Natürlich kann nicht jedes Wesen ein Channel sein, das nach außen geht. Dazu bedarf es noch einer größeren Stabilisierung des Kanals. Jeder Mensch in der Neuen Energie ist zwar in der Lage, Botschaften zu empfangen aus den geistigen Welten, aber bedenkt: Die Qualität zu haben und die Verantwortung zu übernehmen, diese Botschaften auch an andere Menschen weiterzugeben, bedarf einer großen Klarheit.

Wenn du für deinen persönlichen Bedarf deine Informationen bekommst und dich dabei wohlfühlst und sagst, es fühlt sich gut an, es ist korrekt für mich, dann ist das die eine Sache.

Die zweite ist, die Verantwortung zu übernehmen, anderen Menschen diese Botschaften weiterzugeben. Bitte erfrage: »Ist es mein Weg, die Botschaften, die ich erhalte, für mich alleine zu erarbeiten, oder darf ich sie weitergeben? Sind sie klar?«

Ihr seid alle Channel. Wer in der Neuen Energie ist, kann channeln. Das ist so. Aber unterscheidet zwischen Eigenbedarf und dem, es an andere Menschen weiterzugeben. Das hat etwas mit Verantwortung zu tun, auch mit Eigenverantwortung.

* * *

FRAGE
Reikieinweihung. Warum muss ich bei Reiki eine Einweihung haben, wenn es Kräfte gibt, die jedem Menschen zur Verfügung stehen, und damit einen Meister akzeptieren, der vielleicht in der Lage ist, mich zu manipulieren?

ANTWORT
Viele werden jetzt vielleicht ein wenig traurig sein oder sagen: »KRYON, das habe ich mir immer schon gedacht. Ich glaube, ich brauche gar keine Einweihung von einem Meister für Reiki.«

Es ist nicht notwendig, zur Reikieinweihung einen Meister zu akzeptieren im Sinne von, dass er sich ermächtigt, dich in etwas einzuweihen; dass nur er weiß, was zu tun ist.

Reiki ist eine besondere Kraft des Universums, die durch Menschen an andere Menschen weitergegeben werden kann. Aber das ist alte Energie.

Es ist korrekt, dass gewisse Dinge geschehen mussten in alter Zeit, damit dieser Kanal geöffnet werden konnte.

Aber in der Neuen Energie ist es nicht mehr notwendig. Alle Menschen haben diesen freien Kanal. Es ist die Energie der Quelle, die jetzt durch euch hindurchfließt, die wir die Herzensenergie nennen.

Selbstverständlich ist es dir unbelassen, diese Kurse zu besuchen. Aber es ist in der Neuen Energie nicht mehr nötig.

Die Kräfte und Energien, die Heilströme ausmachen, haben mit etwas zu tun, das man als göttliche geometrische Muster bezeichnen könnte. Die werden in diesen Kursen ausgesprochen, aktiviert. Wenn du schon eine Einweihung von Menschen erhalten hast, gut, dann warst du vielleicht noch nicht in der Neuen Energie. Nimm es einfach zur Kenntnis und versuche zu verstehen, dass du diese Kraft jetzt durch den Christus in dir hast.

Du hast automatisch, wenn du in der Neuen Energie bist, ganz viel Kraft und Energie in deinen Händen. Das ist die Urkraft, die durch dich hindurchfließt.

Vertraue deiner Kraft, die du in deinen Händen hast. Spüre in dich hinein. Es hat sich nicht nur etwas mit deiner Karmafreiheit verändert, sondern du merkst einfach, dein Herz, dein ganzer Körper und deine Pranaröhre sind offen für die Neue Energie, für die Christusenergie.

Diese Christusenergie fließt durch dich hindurch. Sie fließt auch in dir, um zum Beispiel anderen Menschen Kraft, Liebe und Hilfe zu geben.

Öffne dein Herz. Versuche einmal, Energie einzuatmen von der Erde und vom Universum gleichzeitig, sie im Herzen zu sammeln und dann aus dem Herzen auszuatmen, die Kraft hinausfließen zu lassen. Schicke sie zu anderen Menschen. Du wirst merken, dass eine wunderbare Kraft durch dich hindurchfließt.

In der Neuen Energie hast du sehr viel Kraft in deinen Händen, die du vorher nicht hattest. Das ist die Kraft der universellen Energie. Ich wünsche dir ganz viel Freude. Experimentiere ein bisschen mit der liebevollen Kraft in deinen Händen. Lege Menschen, die dich besuchen und traurig sind, doch einfach mal die Hände auf, und du wirst merken, welche wundervolle Christusenergie durch dich hindurchfließt und in diese Menschen hinein. Bitte deinen Geistführer um Unterstützung. Er weiß, welche Hilfe deine Nächsten brauchen.

So funktioniert das Universum.

* * *

FRAGE
Was sind Kristall-Kinder?

ANTWORT
Das sind Kinder, liebe Freunde, die noch weiter entwickelt sind als die Indigo-Kinder. Sie sind mit ihrer Struktur – so könnte man sagen – dem galaktischen Körper noch näher gekommen. Betrachtet sie einfach so, wie ihr auch Kristalle betrachtet. Kristalle, die sehr viele Informationen gespeichert haben. (Die Informationen von Kristallen könnt ihr übrigens in der heutigen Zeit wunderbar abrufen.) Die Kristall-Kinder sind – ganz einfach ausgedrückt – noch viel mehr mit all diesen Dingen, mit all diesem Wissen verbunden.

Das, was bei den Indigo-Kindern ein Neu-Anfang war, als Wesen auf die Welt zu kommen mit anderen Attributen, wird bei den Kristall-Kindern noch einmal anders sein. Das, was bei anderen Menschen eine Transformationsphase bedeutet und manchmal auch mit Problemen behaftet sein wird, ist hier schon »gerichtet«. Diese Kinder werden in viele Dinge einfach spielend hineingehen, weil sie bereits mit einer kristallinen Struktur auf die Welt kommen, die dem kosmischen Menschen sehr viel näher kommt. Bei diesen Kindern sind die Lichtkörperstrukturen viel weiter entwickelt, und die DNS ist auch schon bei einer bestimmten Stufe (Schicht) angelangt. So kommen diese Kinder schon mit dieser Art neuer Blaupause auf die Erde.

Und sie bringen eine gewisse Leichtigkeit und Gelassenheit mit. Sie wissen, wie das Universum funktioniert. Die Indigo-Kinder brachten noch stärkere Auflehnungsstrukturen mit auf diese Welt. Trotziger, weniger anpassungsfähig erscheinen sie oft, und ihr Weg ist daher meist mit vielen Steinen gepflastert. Mit der Aufgabe, Aufmerksamkeit zu erregen, kamen sie hierher. Die Kristall-Kinder bringen Gelassenheit und Selbstverständnis des Göttlichseins mit.

Die Kristall-Kinder sind seit etwa sieben Jahren auf der Erde zu finden.

Es sind alte Seelen, die viele Veränderungen hervorrufen werden. Unterstützt sie, erkennt ihre Göttlichkeit.

* * *

Frage

Lieber KRYON, kannst du uns sagen, wann dieser Umwandlungsprozess beendet ist und es leichter wird?

Antwort

2012 ist eine Zahl, die immer wieder fällt. Ich werde auch immer wieder gefragt: »Ist es dann so weit?« Und ich kann diese Frage nicht einfach mit JA beantworten. Ich kann nur sagen, 2012 wird noch einmal eine sogenannte Messung stattfinden. Bis 2012 sollte auch das Kristallgitter zum großen Teil aktiviert sein.

Hier kann ich die Frage auch wieder zurückgeben und sagen: Es kommt auf euch an. Euer Bewusstsein bestimmt die Entwicklung der Erde. Deswegen ist es auch so wichtig, dass ihr euch bewusst seid, dass die Mutter Erde ein lebendiges Wesen ist, und ihr erkennt, wie alles zusammenhängt. – Dass ihr nicht allein hier im Universum seid, sondern es viele Planeten, Sonnensysteme, Universen und Dimensionen gibt und alles eine Schöpfung Gottes ist, die zusammenhängt.

Es ist wirklich an der Zeit, zu erkennen, wie multidimensional alles ist, und zu begreifen, wie wichtig es ist, im Bewusstsein dessen zu sein und zu leben. Wenn ihr euch als multidimensionales Wesen erkennt, werden sich noch viel mehr Dinge in Gang setzen, und ich denke, es könnte der Zeitraum bis 2012 dafür angemessen sein. Es ist ein Prozess, der sehr intensiv ist, und er wird geschehen.

Es werden zurzeit auch immer mehr Seelen von der Erde gehen. Seelen, die diese Schwingungen nicht ertragen können und sich dazu eine Krankheit wählen. Die Seele sagt sich: Ich komme dann gerne noch einmal wieder, vielleicht als Kristall-Kind.

Es ist ja nicht so, dass die Menschen ganz woanders inkarnieren, sondern vielleicht schon so weit in der Struktur sind, dass sie ohne Weiteres als Kristall-Kind wiederkommen können.

Sehr viele Wesenheiten stehen jetzt Schlange, um hier zu inkarnieren. Wenn ihr es sehen könntet, würdet ihr schmunzeln. Viele möchten an dieser Zeit teilhaben. Sie sagen: Es ist eine wundervolle Zeit.

* * *

FRAGE
Welche Bedeutung haben Deutschland und Europa in dem ganzen Weltgeschehen? Was kommt noch alles auf uns zu?

ANTWORT
Europa ist ein Gebiet, das für die gesamte Erde wichtig sein wird, wenn es auch eine relativ kleine Fläche im großen Ganzen ausmacht. Die Bedeutung ist aber nicht von der Fläche her zu bewerten, sondern von den Ereignissen, die hier geschehen. Hier sind viele Strukturen. Und das Friedenspotenzial ist besonders groß und stark hier.

Es sind auch viele Seelen in diesem Gebiet inkarniert, die erkennen, wie wichtig es ist, in die Neue Zeit hineinzugehen. Das soll keine Wertung sein. Aber von hier aus wird sehr viel in Bewegung gesetzt. Natürlich kann vieles nicht von Europa allein beeinflusst werden. Der Große Bruder, wie ihr sprecht, steht natürlich auch da mit seinem Entwicklungspotenzial.

Es wird aber auch dort sehr viel geschehen. Europa wird strukturell vieles abgeben können, und viele Dinge werden erkannt, transformiert und weitergegeben. Ein großes Wissen wird hier wieder freigesetzt. Bedenkt: Deutschland ist eng mit Atlantis verbunden.

Nachdem der Mensch, den ihr Schröder nennt, zum richtigen Zeitpunkt am richtigen Ort ein NEIN zum Krieg gesagt hat, sind viele Menschen daraufhin aufgestanden und haben sich diesem NEIN angeschlossen. Alte Seelen, die sich gesagt haben: Nein, das wollen wir so nicht. Das ist so nicht in Ordnung.

Vieles ist damit in Gang gesetzt worden. Viel mehr, als ihr denkt, denn das hat ja etwas mit dem magnetischen Gitter zu tun, mit den morphogenetischen Feldern. Erkenntnisse weiten sich aus.

Jedenfalls hat es viel mehr in Bewegung gesetzt, als ihr es euch vorstellen könnt. So ist es natürlich auch zu verstehen, dass noch vieles passieren wird auf der Erde, bei dem ihr vielleicht denkt: »Oh, was geschieht da.« Aber vieles ist auch abwendbar durch die Entwicklung der Menschen. Wenn ihr in diese Vorgänge hineingeht und euer Bewusstsein sich erhebt, dann wird vieles von dem, was euch heute Angst macht, nicht stattfinden.

Ich kann euch heute nicht sagen, ob es noch einen Weltkrieg geben wird, aber ich glaube Nein. Es wird sich immer mehr dahin entwickeln, dass ihr erkennt, dass das nicht der Weg ist. Aber wir können es nicht bestimmen. Wir sind diejenigen, die euch Empfehlungen und Hilfestellungen geben und euch schubsen. Was letztlich und endlich passiert hier auf der Erde, das bestimmt euer menschliches Bewusstsein.

*　*　*

FRAGE
Lieber KRYON, was bedeuten die fürchterlichen terroristischen Ausbrüche in unserer Zeit?

ANTWORT
Die Frage ist eigentlich schon beantwortet. Es ist eine Struktur, die nach oben kommt, wo gewandelt wird, wie bei der Homöopathie. Es kommt erst einmal etwas heraus, was nach oben muss. Das sind oft alte Wurzeln, die jetzt hochkommen. Auch dazu kann ich nur sagen: Es ist nicht angenehm, und ich kann verstehen, wo eure Ängste sind. Aber, es gehört mit zum Prozess.

Ihr könnt einfach nur Licht und Liebe in die ganzen Krisengebiete hinschicken. Und ihr könnt beispielsweise auch wieder eure Strahlen in Anspruch nehmen, euer Herz öffnen und – vielleicht zu dritt oder viert zusammensitzend – gezielt Liebesenergie in diese Krisengebiete senden oder auch zu den Menschen, die dort ihre Dienste tun. Damit werdet ihr viel erreichen. Das ist Lichtarbeit und Strukturveränderung. Und ihr könnt viel damit in Gang setzen, indem ihr immer mehr in eure Kraft hineingeht, euch selbst bewusst seid, viele Dinge nicht akzeptiert, auch vorgesetzte Strukturen.

Erkennt euer Potenzial, eure Kraft. Entwickelt euch zu einem Kosmischen Menschen. Unsere Unterstützung ist euch gewiss.

* * *

FRAGE
Ist es sinnvoll, mit dem Pendel zu arbeiten?

ANTWORT
Oh, das ist eine gute Frage. Ich sehe viele Menschen, die als Hilfe für wichtige eigene Probleme oder denen anderer mit dem Pendel arbeiten. Sie sind oft in tiefer Not, erfragen private Dinge, erfragen die Auswahl des richtigen Medikaments und vieles andere.

Warum benutzt ihr ein Pendel? Warum fragt ihr euch nicht selbst? Sicherlich wird beim Pendeln ein Teil eures Seins angesprochen. Aber es ist nicht unbedingt der Teil von dir, der dich richtig weist. Die kompetente Antwort findest du bei deinem Höheren Selbst und natürlich auch bei deinen dir zur Seite stehenden Geistführern. Warum fragst du sie nicht direkt?

Das Pendel war oft eine Hilfe für Seher und Eingeweihte und für Menschen in der alten Energie, um überhaupt Kontakt aufnehmen zu können zur inneren und zur geistigen Welt. Der Sinn, ich wiederhole es immer wieder gern, ist, sich selbst zu kontaktieren. Du weißt alles selbst. Frage dich!

Beim Pendeln besteht außerdem die Gefahr, dass du selbst nicht in klarer Verfassung bist, wenn du pendelst, also sozusagen beeinflusst wirst, besonders dann, wenn du ein Problem auspendelst. Dann bist du in diesem Problem und nicht in deiner eigenen Mitte. Und du solltest aufpassen, dass nicht andere, fremde Energien in dich hineingehen und dich beeinflussen. Verstehst du die Tiefe dieser Frage?

Selbstverständlich gibt es klare Pendler, die wissen, wie man es schafft, in der Mitte zu sein und Fragen zu beantworten mithilfe dieses Megafons des Unbewussten. Aber wie viele von euch sind schon ständig in der eigenen Mitte?

Betrachtet diese Art, Informationen zu bekommen, mit Respekt. Erkennt die Verantwortung, die darin steckt. Besonders, wenn ihr für andere Menschen hinterfragt.

Aber ich sage noch einmal: Fragt euch selbst. Ihr habt die Energie und die Kraft, euch selbst die wichtigen Fragen eures Lebens zu beantworten. Das hat unter anderem etwas mit Eigenverantwortung zu tun.

* * *

FRAGE
Hat die Astrologie noch einen Sinn in der heutigen Zeit?

ANTWORT
Wer mich kennt, der weiß, dass Astrologie eines meiner Lieblingsthemen ist. Es ist eine hohe alte Wissenschaft, die leider hier auf der Erde zurzeit keine große

Anerkennung findet. Intellektuell geschulte Menschen belächeln diese alte, kulturelle und wissenschaftliche Art der Erkennung des Menschen.

Wer seid ihr?

Die Astrologie ist eine hohe Kunst, die in alten Kulturen wie Atlantis, Lemurien, Ägypten sehr geehrt war. Und sie zeigt euch auch heute, was unterstützend für euren Lebensweg getan werden kann in der Neuen Zeit.

Der Mensch ist jetzt hier in der Eigenverantwortung, aber sein magnetisches Imprint, seine Erkennungsmarke sozusagen, mit der er auf diese Erde wiederholt gekommen ist, bleibt bestehen.

Du bist zu einem bestimmten Zeitpunkt auf die Erde gekommen unter dem, was ihr »Sternzeichen« nennt. Es sind bestimmte charakterliche und lernprägende Anhänge, die dich ausmachen. Sie beinhalten deinen Lebensweg, den du dir ausgesucht hast. Du bist unter diesem Sternzeichen zu einer bestimmten Zeitqualität hierhergekommen, um zu dienen, um deine Aufgaben zu erfüllen.

Das ist geblieben. Nur deine karmischen Voraussetzungen sind gelöst. Trotzdem bist du ja weiterhin das Wesen, was *so* ganz bewusst zur Welt kam.

Eine optimale, weise Ausrichtung deines Lebens im Jetzt und Hier ist, in Verbindung zu deinem Höheren Selbst zu sein, zu kreieren und einen guten Astrologen mit einzubeziehen.

Es gibt Zeiten der Ruhe und Zeiten des Aktivseins. Und viele andere Komponenten, die, wenn du sie weißt, dir einiges vereinfachen. Ein wundervolles Paket, um den Aufstieg zu meistern.

Ich spreche jetzt besonders zu den Astrologen.

Habt ihr gewusst, dass sich bei der Astrologie mit der Richtung des Magnetgitters, mit der Neuen Zeit, etwas verändert hat. Einige »Häuser«, wie ihr es nennt, haben sich um einige Grade verschoben, aber nicht alle. Genauer gesagt, um sechs Grad. Welche es sind, findet selbst heraus. Es ist eine Lernaufgabe. Außerdem – beschäftigt euch doch einmal mit den Planeten, die ihr nicht sehen könnt, mit den Planeten, die nicht mit eurem Teleskop zu erkennen sind.

Ihr fragt: »Wie können wir dies tun?« Meine Antwort: Fragt eure Geistführer. Es sind welche dabei, die Koryphäen sind, was die Astrologie anbelangt. Sie werden euch helfen. Überlegt euch auch einmal, ob ihr euch führen lassen wollt in euren Beratungen. Hilfe aus der geistigen Welt ist euch gewiss. Bittet darum. Eure Hilfe, die ihr den Menschen gebt, wird so effektiver sein; eure Geistführer erkennen das, was wichtig ist für die Entwicklung des Ratsuchenden.

Hört, ihr Astrologen, mit der Neuen Zeit hat sich auch das astrologische Deuten geändert. Beachtet es bitte, wenn ihr andere Menschen beratet.

Und du, freier Mensch, wenn du dich für eine astrologische Beratung entscheidest, suche dir einen Astrologen, der offen ist für Neuerungen!

FRAGE
Lieber KRYON, ich bin ständig in Geldmangel. Was hat das zu bedeuten? Was kann ich tun?

ANTWORT
Jegliche Art von Mangel hat etwas mit Mangel an Eigenverständnis, an Eigenliebe zu tun. Es ist nicht so, dass der, den ihr GOTT nennt, nicht wollte, dass ihr in Fülle seid. Das hat etwas mit Eigen-Kreation zu tun.

Vielleicht bist du noch nicht in der Neuen Energie, vielleicht bist du noch karmisch gebunden an alte Dinge, die es dir nicht möglich machen, in Fülle zu sein. Vielleicht bist du in der Neuen Energie, aber hast noch kein Vertrauen. Das ist es, was ich meine, wenn ich sage: Sitz nicht auf dem Stuhl und warte, dass etwas geschieht. Es passiert nichts, wenn du es nicht in die Hand nimmst. Du bist dein Schöpfer, der entscheidet, was passiert. Wir reichen dir lediglich alle Möglichkeiten und Hilfen an.

Vielleicht bist du noch nicht in Frieden mit dir. Es ist das, was ich als den Raum des Friedens bezeichne. Gehe in die Meditation, gehe in dein Inneres und besuche den Raum des Friedens. Bist du schon ausgesöhnt mit dir? Bist du mit dir im Reinen? Ich denke Nein, sonst würdest du diese Frage nicht stellen. Erkenne die Zusammenhänge.

Verbinde dich mit deinem Höheren Selbst, halte dich, wenn du nicht im Gleichgewicht bist, so oft wie möglich in deinem inneren Raum des Friedens auf. Beginne, dir ganz in Ruhe die Frage zu stellen: Bin ich am richtigen Ort? Bin ich in Lebensfreude? Gehe ich gerne dahin, wo ich mein täglich Brot verdiene? Oder tue ich es nur, weil es sein muss, weil man es von mir erwartet? Bin ich in Liebe mit den anderen Dingen, die mich umgeben? Erfreue ich mich des Lebens, oder bedrückt mich etwas? Kläre alle diese Fragen. Und dann schöpfe du aus dem Universum. Kreiere dein Leben.

Vielleicht dauert es ein wenig. Es geht vielleicht nicht von heute auf morgen. Aber sei gewiss: Das, was du an das Universum weitergibst, wird sich manifestieren.

Was ist Glück für dich? Was ist Wohlgefühl? Was heißt es, in Fülle zu sein?

Wenn alle deine noch zu klärenden Fragen der Persönlichkeitsfindung klar und erkannt für dich sind, wird sich auch die finanzielle Fülle einstellen.

Schau dir dein Leben an und frage dich: Wie lebe ich? Habe ich Sorgen mit Partnern, mit Kindern, mit der Umwelt, mit der Arbeit? Wo bin ich? Bin ich in meiner Mitte? Bin ich bereit, zu erkennen, wer ich bin, wo meine Aufgabe ist? Bin ich bereit, Eigenverantwortung zu übernehmen?

Vielleicht bedarf es einer Umstrukturierung deines Lebens. Du sollst nicht deine Kinder und andere Wesen, für die du Verantwortung übernommen hast, verlassen. Aber du solltest eigenverantwortlich dein Leben in die Hand nehmen.

Schau in dich hinein. Und du wirst spüren, es wirkt sich auch aus auf deine Kinder, deinen Partner etc. –

auf deine gesamte Umwelt. Nur musst du herausfinden, was für dich wichtig ist.

Ich helfe dir gerne dabei.

Erkenne, dann wird sich das einstellen, was du dir wert bist. Auch die materielle Fülle.

* * *

FRAGE
Ist es notwendig, Weltraumforschung in der Form zu betreiben, fremde Planeten aufzusuchen und nach anderem Leben zu forschen?

ANTWORT
Liebe Freunde, die Sehnsucht der Menschheit, anderes Leben auf fremden Planeten zu erforschen, ist schon immer in allen Zeiten ein großer Wunsch gewesen. Zu den Zeiten, als die Menschheit angebunden war an die geistige Welt, also zu den Hoch-Zeiten der Zivilisationen – ich spreche von Atlantis, Lemurien und anderen –, da war es bekannt, dass man nicht in Form eines Körpers reisen muss, um Kontakt zu anderen Planeten aufzunehmen. Man kannte die Form der geistigen Kommunikation, ohne körperlich zu reisen oder/und sich im Lichtkörper fortzubewegen.

Es ist auch so, dass es nicht nur irdische, dreidimensionale Komponenten dieser fremden Planeten gibt, sondern andere Dimensionen. Ich spreche von dem, was *ihr* anstrebt.

Eure Nachbarplaneten – bis auf einen, der euch sehr nahe war und durch Atomkraftmissbrauch implodierte – haben sich alle weiterentwickelt. Ihr Leben besteht in einer anderen Dimension. Erstaunt euch das?

Wenn eure Forscher dort nach Leben suchen, werden sie zum Teil noch Spuren von Gebäuden und Ähnlichem aus der dritten Dimension entdecken. Bedenkt auch, dass alle diese Planeten – genau wie ihr – ihren Zyklus haben. Es könnte durchaus sein, dass irgendwann wieder in Planung steht, Leben in der dritten Dimension dort anzusiedeln. Dann werden sich dort die physischen Verhältnisse verändern. Jeder Planet hat einen gewissen Zyklus, denn das Universum überlässt – so würdet ihr sagen – nichts dem Zufall. Es ist ein perfekt geführtes Unternehmen. So wie ihr alle zirka 26 000 Jahre in den Photonengürtel, diese besondere Lichtessenz, hineingeht, so haben die anderen, eure Nachbarn, auch ihren eigenen Rhythmus.

Sie haben sich – und das ist schon seit langer Zeit so – in eine höhere Dimension entwickelt, in das, was *ihr* jetzt anstrebt.

Eure Forscher können also bei näher gelegenen Planeten nicht die erwünschte Lebensform in der dritten Dimension erwarten.

Selbstverständlich gibt es auch Planeten mit einer Lebensform in der dritten Dimension. Nur sind sie für euch – mit eurem mangelnden technischen Wissen – nicht erreichbar. Ihr habt noch nicht die Erkenntnisse und Mittel, diese weiten Reisen anzutreten.

Eure Grenze liegt in der Lichtgeschwindigkeit. Das – so denkt ihr – ist die Grenze. Dem ist nicht so. Eure

Forscher erarbeiten schon neue Erkenntnisse. Erwartet die Fortschritte auf diesem Gebiet.

Viel Geld wird investiert für diese Forschungen. Ich will nicht sagen: Alles ist unnötig. Aber der Aufwand ist schon sehr hoch.

Vielleicht wäre es sinnvoller, dieses viele Geld in andere Erfahrungsprojekte zu investieren.

Es gibt verschiedene Arten von Wesen, die euch hier umgeben. Einige, die sich physisch fortbewegen, aber viele benutzen ihren Lichtkörper oder spezielle Vehikel, die es ihnen ermöglichen, sich von einem Punkt und von einer Dimension in die nächste zu bewegen. Doch das ist ein Thema, das einer besonderen Besprechung bedarf.

Versucht einmal – und das ist jetzt effektiver –, euch mit dem Bewusstsein fortzubewegen. Benutzt eure freigesetzten geistigen Kräfte, das Potenzial der Neuen Zeit, um euch und andere Wesen zu erfahren.

Seid sicher, Wesen der nahen Nachbarplaneten, die ihr so sehnlichst zu erreichen versucht, sind da, aber auf einer anderen Ebene, in einer anderen Dimension – ähnlich wie es Leben in der Erde gibt, die ihr mit eurem Körper noch nicht erreichen könnt, aber mit eurem Geist. Es sind die Wesen, die schon immer da waren, in dieser wundervollen Mutter Erde, und die euch bald die Hand reichen möchten. Freut euch auf diese Begegnung.

Auszüge aus dem Channeling in Eckernförde, Schleswig-Holstein, am 13./14. September 2003

Seid gegrüßt, liebe Freunde, seid gegrüßt! Ich bin KRYON vom magnetischen Dienst. Ich bin in tiefer Liebe und Wahrheit gekommen.

Ich freue mich, liebe Freunde, dass wir uns heute hier treffen können. Ich freue mich sehr, und ich freue mich über jeden einzelnen von euch, der da ist.

Jeder Mensch hat seine eigene Entwicklung. Einige – ich sehe es an eurer Aura, ich kenne euch – sind schon in der Neuen Energie. Und es sind auch welche unter euch, die sind mitten im Transformationsprozess. Und einige, die sagen »Oh, KRYON, es geht mir nicht gut. Ich fühle mich unwohl. Ich bin körperlich überhaupt nicht gut ›drauf‹. Ich könnte ständig schlafen. Überall habe ich Schmerzen. Und manchmal bin ich ganz traurig, lieber KRYON. Kannst du mir Hilfe geben?«

Ja, liebe Freundin, lieber Freund, wir sind heute gekommen, um euch zu unterstützen, in die Neue Energie hineinzugehen. In das hineinzugehen, was die Neue Zeit ausmacht, denn ihr seid auf dem Weg, euch weiterzuentwickeln. Ihr seid dabei, eure Zellen zu lichten, euch zu lösen von Altem, was geschehen ist und euer Leben heute immer noch beeinflusst, von alten Dingen, die gehen können, von Karma, von alten Verhaltensmustern.

Und es sind einige von euch gekommen, die noch nicht in die Neue Energie hineingegangen sind und vielleicht überlegen: »Ist das überhaupt etwas für mich? Was ist die Neue Energie?« Ihr seid vielleicht noch ein bisschen skeptisch. Ihr wisst noch nicht genau: Ist das wirklich etwas für mich? Ist das auch für mich gedacht?

Ich sage dir: Ja, liebe Freundin, lieber Freund. Begib dich in die Neue Energie, begib dich in die Neue Zeit, denn die Menschen der Erde teilen sich nun in zwei Teile. In die, die mitgehen wollen in die Neue Zeit, und in die, die in alten Verhaltensmustern verhaftet bleiben wollen, die vielleicht noch nicht so weit entwickelt sind. Es sind die, die irgendwann woanders ihren Weg weiter fortsetzen werden, denn keine Seele in diesem Universum geht verloren.

Es sind alle geehrt. Es sind die geehrt, die sich jetzt weiterentwickeln wollen, und es sind die geehrt, die sich sagen: »Es ist noch nicht an der Zeit für mich.«

Es gibt auch Seelen, die auf diesem Planeten zum ersten Mal inkarnieren. Habt Verständnis. Auch sie finden ihren Weg.

Ihr, die ihr hier sitzt, die ihr heute da seid, die ihr heute mit mir gemeinsam feiern wollt, ihr seid die, die man »Alte Seelen« nennt. Das darf ich so sagen. Ihr seid Alte Seelen, ihr seid schon sehr oft auf der Erde inkarniert. Und ihr, liebe Freunde, die ihr dieses lest, seid mit eingeschlossen. Es gibt keine Zufälle. Du liest hier diese Schrift, weil die Zeit für dich reif ist.

Einige von euch sagen: »KRYON, ich bin jetzt ›erdenmüde‹, ich möchte mich weiterentwickeln. Ich möchte weitergehen, ich möchte aufsteigen.« Ihr seid geehrt dafür, liebe Freunde. Ich will euch unterstützen.

Und ihr sagt vielleicht: »Es ist hier alles Dualität. Ich will nicht so weiterleben. Ich möchte mich wieder zu dem entwickeln, was ich eigentlich bin. Ich möchte mich wieder mit meinem Höheren Selbst verbinden. Ich möchte meinen Lichtkörper leben, wenn es angemessen ist.«

Ich werde euch heute an die Hand nehmen, euch führen, denn für jeden von euch setzt heute eine spirituelle Heilung ein. Auch für dich, der du diese Zeilen liest.

Aber ich bin heute nicht allein gekommen, ich habe meine Gefolgschaft mitgebracht. Es sind die, die schon einige Tage hier sind, um die Schwingung in diesem Raum sozusagen ein wenig zu erhöhen, um es möglich zu machen, dass ihr, liebe Freunde, hier in einer gleichbleibenden Energie seid. In einer Energie, die eure Biologie verträgt, die ihr aufnehmen könnt, damit es möglich ist, jetzt gemeinsam in dieser Energie hier zu sein.

Und ich habe außerdem den Meister Saint Germain mitgebracht. Er ist diesem Platz, diesem Ort sehr verbunden. Er ist auch meiner Partnerin sehr verbunden. Und es gibt hier noch einige im Raum, die ihm ebenfalls sehr verbunden sind. Zwei Menschen, die hier anwesend sind, kennen Saint Germain bereits aus alter Zeit; sie haben gemeinsame Inkarnationen miteinander verbracht. Ich begrüße also ihn ganz besonders.

Ich begrüße außerdem meinen Bruder Michael. Er ist heute auch hier. Michael ist der, der die Aufgabe und Energie hat, heute viele alte Muster zu durchschneiden. Er ist gekommen, um bei einigen von euch energetische Muster durchzutrennen, Muster aus alter Zeit. Vielleicht fühlt ihr euch jetzt angesprochen, liebe Freunde. Es sind die von euch, die im Moment noch nicht durch diesen Prozess hindurchgegangen sind, die mittendrin sind und sagen: »Es geht mir nicht so gut.«

Wer ist heute noch anwesend? Es sind natürlich Teile eurer geistigen Familie hier. Seelen, die euch begleiten und unterstützen in eurem Prozess. Euer Höheres Selbst freut sich, dass es euch heute nah sein kann. Eure (neuen) Geistführer halten euch die Hand. Vertraut dem, was geschieht!

Ich bin KRYON vom magnetischen Dienst, und ich möchte kurz für die, die noch nicht so drinnen sind in der Thematik, die Neue Energie erklären, wer ich bin und was meine Aufgabe hier auf dieser Erde, auf diesem Planeten, auf Gaia ist.

Ich stamme aus der Familie der Erzengel, aus der Familie der Schwerter, und Michael ist mein Bruder.

Ich bin seit Anbeginn der Erde immer wieder in diesem Umfeld hier. Ich betreue die Erde.

Mein Spezialgebiet ist der Magnetismus. Ich bin – so könnte man sagen – eine ganze »Gruppe«. Ich bin keine einzelne Wesenheit, sondern setze mich aus Gruppenaspekten zusammen. Und ich bin hauptsächlich hier in diesem Bereich Erde als eine weibliche Energie zu betrachten. Meine Partnerin sieht mich vor ihrem geistigen Auge als eine Frau mit kupferfarbenen Haaren und kupferfarbenem Gewand. Denn Kupfer ist die Präsenz oder die Farbe, die mich ausdrückt, wenn ich in meiner Hochform, in meiner ganzen Kraft, erscheine, so könnte man es ungefähr beschreiben.

Andere von euch, die mit mir »arbeiten«, sehen mich vielleicht als eine geometrische Figur. Ich erscheine vor dem geistigen Auge so, wie es für euch angemessen und dienlich ist. Ich glaube, meine Partnerin findet es interessanter, mich als weibliche Erscheinung zu sehen. (KRYON lacht.)

Mich zu erklären ist eine nicht so leichte Aufgabe. Ich werde es kurz versuchen: Ich setze mich aus vielen verschiedenen Aspekten zusammen – aus Farben, Tönen, Schwingungen, Formen, Geometrie, aus göttlicher Geometrie. Einige von euch haben vielleicht das Buch gelesen mit der Blume (»Die Blume des Lebens«). Dieses Buch ist ein wunderbares Werk, das beschreibt, wie die göttliche Geometrie arbeitet. Die göttliche Geometrie ist ein Teil, der mich ausmacht.

Ich bin sozusagen direkt mit der QUELLE verbunden. Und ich bin auch mit meinem Bruder Michael eng verbunden. Ich gebe die Botschaften direkt weiter an die Menschen; aber nicht nur ich tue das, sondern viele Helfer und andere meiner Brüder und Schwestern, die in der gleichen oder ähnlichen Thematik der Neuen Zeit unterwegs sind.

Einige fragen: »KRYON, bist du nicht schon gegangen? Wieso bist du noch da? Deine Arbeit ist doch beendet.«

Da sage ich: Nein. Ich bin natürlich ein multidimensionales Wesen, und ein Teil von mir ist schon gegangen und hat eine andere Aufgabe übernommen. Aber ein großer Teil von meinen Energien, von meinen Schwingungen, so müsst ihr es verstehen, ist geblieben, ist hiergeblieben, um – wie in diesem Kreis oder mit meinen anderen Channels auf der Erde – zu arbeiten. Insgesamt sind es nun zwölf Channels, die direkt meine Botschaften weitergeben. Es waren einmal neun, jetzt sind es zwölf geworden. In bestimmten Gebieten, wie zum Beispiel hier in Deutschland, wo es wichtig ist, ins Licht zu gehen, ist es nun passend, dass eine Seele direkt, ohne Übersetzung, meine Botschaften vermittelt. Und die Zahl zwölf kommt natürlich auch nicht von ungefähr; sie ist eine göttliche Zahl. Die Numerologen unter euch wissen, was ich damit meine.

Meine Channels haben die Aufgabe, weiterhin Informationen zu geben, denn meine Arbeit – die Richtung des Magnetgitters – ist zwar beendet, aber jetzt beginnen eigentlich erst der Dienst und die Arbeit. Es waren Vorbereitungsphasen, und diese Phasen sind nun abgeschlossen, zumindest meine Primär-Arbeit.

Es gibt natürlich noch sehr viel mehr zu erfahren. Viele Informationen stehen für euch bereit, die jetzt abgerufen werden können. Vorher wäre es noch nicht möglich gewesen. Die Schwingungen waren einfach noch nicht genug erhöht, um diese Informationen freizusetzen: Ihr hättet mit ihnen nicht allzu viel anfangen können.

Neue, besondere Informationen werden auch über das Kristallgitter fließen. Und vielleicht wundert ihr euch jetzt gar nicht mehr, dass sich so viele Menschen für den Schutz der Wale einsetzen, weil in jeder Zelle eines Menschen die Information gespeichert ist, wie wichtig es ist, das Leben dieser Tiere zu schützen. Denn in ihrer DNS ist alles Wissen der Erde gespeichert.

Es gibt auch neue Daten über die Delfine, über ihren Heimatplaneten Sirius. Auch darüber werdet ihr wundervolle Dinge erfahren. Ihr werdet erkennen, wie alles zusammenhängt.

Es wird auch jetzt noch etwas anderes aktiviert. Es ist die Drachenenergie der Erde. Der Drache, da macht euch bitte keine Sorgen, ist keine Gestalt oder keine Energie, die böse ist – im Gegenteil. Es ist eine machtvolle, kraftvolle Energie, die sehr eng mit dem Mutterplaneten Erde, mit Gaia, verbunden ist.

Auch darüber warten viele Neuigkeiten auf euch. Fragt doch einmal euer Höheres Selbst, bittet um Beantwortung der Fragen. Es wird viel passieren mit dieser Erde, liebe Freunde, und deswegen ist es wichtig, sich zu öffnen.

Ich möchte jetzt darüber sprechen, wie wichtig es auch ist, euer Herz zu öffnen, um besondere Seelen, die jetzt ganz gezielt auf die Erde kommen, zu unterstützen. Es sind die, die wir Indigo-Kinder nennen. Es sind die Kinder, die schon eine ganz andere DNS haben. Ihr Imprint, das sie beinhalten, ist bereits gerichtet. Es sind die Kinder, die Unverständnis erzeugen, die sich anders verhalten als in der heutigen Norm erwartet wird.

Viele Menschen sagen, wenn sie so ein Indigo-Kind in ihrer Nähe haben: »Mit diesem Kind komme ich einfach nicht klar. Es ist etwas, das ich nicht verstehe. Es ist so eigenwillig, und es kann sich überhaupt nicht anpassen. Was ist mit diesem Kind los? Warum ist es so?«

Ich sage euch, es ist anders, dieses Kind. Es ist ein Kind, das vielleicht nicht mehr die Drei-Monats-Phase durchschreiten muss. Es ist wahrscheinlich schon so geklärt und gereinigt, dass es bereits in der Neuen Energie ist oder sich aber zumindest kurzfristig sehr intensiv auf den Weg dorthin begeben kann und all die karmischen Auflösungen in der Form nicht mehr durchschreiten muss. Es sind vielleicht noch einige darunter, die karmische Ursachen mitbringen, aber bei denen geht es dann auch sehr schnell, diese aufzulösen.

Die Kinder, die noch später kommen werden, sind noch anders einzuordnen. Sie sind noch weiter entwickelt, das heißt, ihre DNS-Stränge sind noch weiter aktiviert und ihre Imprints werden noch klarer sein. Es sind die Kristall-Kinder.

Die Indigo-Kinder kommen mit dem Gefühl auf die Erde, dass sie wissen, warum sie hier sind. Wenn dann ein Erwachsener versucht, sie in gewisse Schranken zu weisen, werden sie vielleicht sagen: »Du, ich weiß, warum ich hier bin. Ich werde einmal ganz wichtige Funktionen übernehmen. Ich werde einmal an führender Stelle sitzen. Ich werde Autos entwickeln, die sich mit anderer Energie fortbewegen. Ich werde mich für Schulreformen einsetzen. Ich weiß, wie das Universum funktioniert.«

Die meisten von euch Erwachsenen können damit vielleicht nicht viel anfangen. Aber bedenkt: Das Kind weiß, was es sagt. Es erinnert sich. Und es bringt klare Erinnerungen und Visionen mit in dieses Leben. Es weiß, was es in Atlantis und/oder Lemurien tat. Und es weiß auch, woher es kommt.

In der Neuen Zeit wird es immer mehr von diesen Kindern geben. Gezielt sind diese Kinder seit 1970 geboren. Aber es gibt auch welche, die schon vorher geboren sind. Das sind Menschen, die meist wichtige Funktionen übernehmen, wichtige Neuerungen in dieser Zeit. Oder glaubt ihr, dass die Art und Weise der Erziehung, Bildung, des soziales Verständnisses, wie sie heute gelebt und gelehrt wird, angemessen ist für die Neue Zeit? Es bedarf einer Neuerung.

Stellt euch einfach vor, liebe Freunde, ihr habt in eurem Umfeld so ein Kind – ihr alle, die ihr hier sitzt. Und ich sage das in jeder Sitzung, weil es selbstverständlich eine Riesenmenge dieser Kinder gibt. Im Umkreis eines jeden von euch befindet sich ein Indigo-Kind. Es muss nicht das eigene sein, nicht das Enkelkind, sondern es kann einfach ein Wesen sein, das, wenn du vielleicht eine Lehrerin bist, in deiner Klasse ist. Vielleicht ist es ein Nachbarskind. Es sind oft die Kinder, die Sorgen und Schwierigkeiten bereiten. Es sind die Kinder, die unbequem sind. Es sind die Kinder, die sich allein gelassen fühlen, die manchmal überhaupt nicht wissen, was sie eigentlich in einer Runde sollen, die nicht spüren, was mit dieser Erde passiert, mit all den Menschen. Sie sind orientierungslos und suchen ihren Weg. Es sind die, die manchmal auch im schulischen Bereich unterfordert sind, und die vielleicht auch im Unterfordertsein irgendwann den Lernstoff nicht mehr schaffen und den Anschluss verpassen. Sie stehen dann noch mehr als Außenseiter da. Und die Lehrer sehen und wissen oft nicht, worum es da geht.

Ich möchte euch bitten, liebe Freunde, schaut euch um und versucht doch bitte, so einem Kind in tiefer Liebe eure Aufmerksamkeit zu schenken. Es muss nicht unbedingt sein, dass ihr euch lange mit ihm auseinandersetzt. Aber es wäre schön, wenn ihr euch zumindest ein bisschen Zeit nehmen würdet, ein liebes Wort zu wechseln oder zu lauschen, was dieses Kind zu sagen hat. Ihr werdet merken, dass aus diesen Mündern Informationen zu euch kommen, die euch sehr erstaunen werden, denn diese Kinder kommunizieren mit der geistigen Welt. Diese Kinder wissen, dass es Engel gibt. Und diese Kinder wissen auch, was sonst mit der Erde passiert. Sie kennen zum Teil sogar ihre Aufgabe. Sie spüren und wissen instinktiv auch, obwohl sie es oft nicht ausdrücken können, dass es bei den Kindergärten, bei den Schulen und den Universitäten einer Reform bedarf. Wundert euch das?

Es ist wirklich so, liebe Freunde, das möchte ich noch einmal ganz klar sagen: Ich gehe davon aus, dass ihr erkennt, dass hier viel passieren muss – nicht nur in diesem Land, sondern auch in anderen Ländern. Schaut euch um, wie eure Kinder heute zum Teil »erzogen« und angeleitet werden.

Es gibt auch Ausnahmebeispiele, diese Waldorfschulen, wie ihr sie nennt, und auch noch ein paar andere, pädagogisch experimentierfreudige und etablierte Zusammenkünfte. Aber meistens ist es so, dass ein Kind eine ganz normale Schule besucht, und viele Kinder können sich da nicht genügend entfalten. Es ist wichtig für euch, hier umzudenken, dass ihr in der Form, in der heute in Kindergärten, Schulen und Universitäten gearbeitet wird, die sozusagen Ausdruck der alten Energie ist, nicht mehr weitermachen könnt. So, wie ihr euch jetzt transformiert, bedarf es auch hier einer Transformation.

Sprecht doch mal mit der geistigen Welt darüber, bittet in den Meditationen um Bilder, wie es in den Hoch-Zeiten von Atlantis war. Vielleicht warst du sogar ein Lehrer in dieser Zeit, ein Pädagoge, der wusste, was gut für die Heranwachsenden ist. Könnt ihr euch vorstellen, dass es in den damaligen Stätten der Bildung und des Lehrens an der Tagesordnung war, Menschen mit der Kraft der Steine ins Gleichgewicht zu bringen, bevor große Lernstoffe zur Aufnahme angeboten wurden …? Und dass bestimme Steine auch Informationen direkt weitergaben …? Ein interessanter Aspekt, nicht wahr?

Diese Kinder, von denen ich spreche und die ich euch so ans Herz legen möchte, sind natürlich die, die einmal bei neuen/alten Erkenntnissen federführend sein werden und wahrscheinlich eure Reformer sind. Es sind die, die irgendwann neue Funktionen übernehmen. Vielleicht weisen sie euch den Weg, wie es anders, besser gehen kann. Gebt ihnen Unterstützung, gebt ihnen Liebe und Verständnis. Erkennt, dass sie die Führer der Neuen Zeit sind. Es ist wichtig, dass ihr euer Herz für sie öffnet, auch wenn sie euch unbequem oder unerzogen erscheinen. Bedenkt, sie haben mit sich selbst auch Sorgen und Probleme. Und jedes liebe Wort, das aus eurem Munde kommt, jeder verständnisvolle Blick ist eine Hilfe für diese Kinder. Und es ist letztlich und endlich auch eine Hilfe für euch selbst.

Jetzt möchte ich euch sagen, warum ich euch das alles in diesem Land Deutschland ganz besonders ans Herz lege: Weil dieses Land Deutschland eine sehr wichtige

Funktion hat. Es hat eine wichtige Funktion in dem *neuen* Europa. Ich spreche von dem geistigen Europa, ich spreche nicht von dem, was ihr Politik nennt. Und ich möchte darüber ein bisschen mehr erzählen.

Dieses Land Deutschland ist mit einem sehr starken Karma belastet, das sich langsam löst. Die Umrichtung der Erde, die Transformation, bedeutet auch, dass nicht nur der Mensch sich vom Karma befreit, sondern natürlich auch die Erde. Mutter Erde entlässt sozusagen alte Muster – wie ihr. Mutter Erde befreit sich und gibt all das ab, was nicht mehr gültig ist. Das bedeutet auch, dass Transformationen in Ländern, in Städten, in allen möglichen Bereichen stattfinden. Es ist wichtig, und es ist auch gut so.

Deutschland hat ein Karma aus alter, alter Zeit. Ein Teil dieses Karmas hat etwas mit Atlantis zu tun. In diesem Land Deutschland ist Atlantis sehr stark verankert.

Als die Zeit kam, wo klar war, dass Atlantis untergehen würde – Atlantis ist übrigens untergegangen durch den Missbrauch von Tönen, also von Schwingungen, denn Töne sind ja Schwingungen –, und als klar war, dass dieser Missbrauch Folgen haben, es so eskalieren würde, dass die Kontinente nicht mehr zu halten waren, haben die, die ihr, auf die Dualität bezogen, als gute und schlechte Gruppen von Menschen bezeichnet, beschlossen, das, was vorhanden war, das alte Wissen, die ganzen Experimente, all das, was dort geschah, wie man dort arbeitete, gerettet werden muss.

Viele von denen, die ihr Weiße Bruderschaft nennt, die auch schon zum großen Teil damals bestanden hat, haben viel Wissen, Geheimwissen überall auf der Erde verteilt. Vieles, was als nicht mehr passend für die weitere Entwicklung erschien, wurde in den ätherischen Bereichen von schöpferischen Wesenheiten gehalten. Zum Teil bis heute (siehe unter anderem die zwölf göttlichen Strahlen). Es sollte nichts verloren gehen. Ägypten ist dafür bekannt, dass dort viel Wissen gehalten wurde. Aber das ist nicht der einzige Schwerpunkt. Mexiko und China, darf ich euch sagen, sind Anlaufstellen gewesen. Und einige Dinge sind auch nach Deutschland gekommen. Einige von den guten, wichtigen Dingen sind hier in Deutschland verankert. Aber auch die Seite, die ihr als die schlechte bezeichnen würdet, ist hier etabliert.

Eigentlich gibt es kein Gut und Böse im Universum. Letztlich und endlich gibt es in der QUELLE nur eins, und der Schöpfer hat dafür gesorgt, dass es hier auf der Erde Gut und Böse gibt, weil diese eine Experimentierphase ist, ein Schulungsplanet.

Stellt es euch einfach so vor, als würde etwas Tiefes in Deutschland vergraben sein. Stellt euch vor, dass viele Informationen – im Guten wie im Bösen – durch Symbole und viele andere Geschichten hier gehalten werden. Ich drücke es ganz einfach aus. Und all das hat großen Einfluss gehabt auf dieses Deutschland. Es sind also sehr viele positive wie auch negative Kräfte hier verankert gewesen.

Schaut in eure Geschichte. Welche Themen haben in diesem Land immer eine große Rolle gespielt? Macht? Experimentierfreudigkeit? Neugier? Vertrauen?

Bedenkt, wie viele wundervolle Wissenschaftler aus diesem Land hervorgegangen sind.

Nun stellt euch also vor, dass hier vieles gespeichert ist, und es ist jetzt an der Zeit, dieses aufzulösen. Es ist auch an der Zeit, dass alle diese Dinge aufgedeckt werden, wobei ich nicht sagen möchte, dass sich die Menschen nur für das Vergangene interessieren sollen. Die alte Zeit ist vorbei. Orientiert euch nach vorne. Aber manche Informationen aus der alten Zeit sind sehr wichtig, um zu verstehen, was jetzt passiert und warum. Denn es ist ja so, dass Atlantis und die Vergangenheit geheilt werden sollen.

Das ist übrigens auch ein Attribut des Kristallgitters: Ihr könnt eure Vergangenheit verändern. Auch du, liebe Freundin, lieber Freund, kannst deine Vergangenheit transformieren. Am Ende dieses Buches findest du eine Übung, mit der du deine Vergangenheit »heilen« kannst.

Deutschland befreit sich vom Karma – langsam, aber konstant.

Deutschland wird sich transformieren, was ihr ja auch spürt. Es werden vielleicht noch mehr Menschen im Moment ihre Arbeit verlieren. Aber die Menschen kommen auch wieder an ihre Grundwerte heran und erkennen, was letztlich und endlich wirklich wichtig ist. Hier in diesem Land wird ganz viel geschehen.

Vielleicht wird mancher leiden und vieles verlieren, aber er wird umso mehr zurückbekommen. Besinnt euch auf eure Wurzeln!

Ihr werdet auch irgendwann wieder gesunde Lebensmittel essen. Ihr werdet vieles verstehen. Ihr werdet euch vielleicht öfter zur Meditation zusammensetzen. Information aus alter Zeit wird an euch wieder zurückgegeben. Ihr werdet euch erinnern, was eure Vorfahren für Traditionen gehalten und geehrt haben, und ihr werdet diese Dinge wiederaufnehmen, der Erde gedenken, der Elemente. Sprecht doch einmal mit dem Wind, oder sprecht einmal mit dem Feuer. Sprecht mit dem Geist dieser Elemente. Es sind lebendige Bewusstseinselemente, die da wirken und mit euch arbeiten, ohne dass ihr es vielleicht wahrnehmt. Ihr könnt mit ihnen kommunizieren.

Ihr werdet immer mehr fühlen und sehen, wie viel hier geschieht.

Es ist so, dass über dem ätherischen Bereich von Berlin ein Tempel steht. Es gibt viele ätherische Tempel auf der ganzen Welt. Das hängt mit der Weißen Bruderschaft zusammen. Informiert euch darüber. Dieser Tempel über Berlin existiert seit ungefähr dreißig Jahren. Er wird gehütet von dem Elohim Arkturus und ist dem siebten göttlichen, dem violetten Strahl, zugeordnet, dem Strahl der Reinigung und Transformation. Ist das nicht passend? Transformation und Heilung für dieses Land, damit es helfen kann, dass sich das neue Europa endlich entwickelt. Denn es ist schon wichtig, sich etwas abzukoppeln – wie ihr sagen würdet – von dem großen Bruder. Europa soll Eigenständigkeit entwickeln, ein Zurück zu den Wurzeln. Dann wird sich Amerika auch anders entwickeln.

Alte Völker werden plötzlich wieder in ihrer Bedeutung wachsen, werden ihre Kraft entdecken. Hört den Weisen dieser Völker zu. Sie werden euch wundervolle Sachen sagen, weil sie oft noch mit den Elementen verbunden sind. Hört auf die Alten der Erde. In meinen Besuchen bei der UNO sprach ich oft von der Wichtigkeit der alten Kulturen. Hört ihnen zu.

Der ätherische Tempel über Berlin hat natürlich auch bewirkt, dass die Mauer gefallen ist. Es war also kein Zufall. So, wie viele andere Dinge ebenfalls passieren werden.

In Berlin pulsiert es. Viele Menschen, die mit Licht arbeiten, sagen: »Berlin ist nicht auszuhalten. Dort ist eine solche Energie, die ertrage ich nicht.« Ich kann es verstehen, weil in Berlin Extreme vorhanden sind: Sehr viel Lichtarbeit, aber auch sehr viel, was dort an Altem nach oben kommt. Da aber eine Kraft und Energie in dieser Stadt wirkt, die sehr stark ist, wird es auch eine schnelle Transformation geben. Menschen mit sehr viel Karma können dort eine schnelle Transformation erleben. Die Kraft dieses Tempels über Berlin ist eine sehr starke und wird den Menschen helfen, sich rasch zu transformieren.

Im Moment ist es natürlich für viele so, dass sie Berlin als eine Stadt mit einem sehr hohen negativen Pegel empfinden. Es entwickelt sich dort auch sehr viel in punkto Kriminalität und all diese Dinge. Aber ihr werdet merken, dass gerade da sehr viel Umwandlung geschieht. Eine schnellere Transformation kann stattfinden. Intensiver als vielleicht in einem kleinen Dorf, wo manchmal eine Wärme und Liebe vorhanden sind, die man fühlt, wo aber auch noch sehr viel Altes verdeckt wird. Da schläft noch vieles. Ich sage das ganz bewusst. Dort in Berlin pulsiert es, dort herrscht eine sehr starke, klärende, reinigende Energie.

Aber selbstverständlich hat jede Stadt, jeder Landstrich in diesem Lande seine eigene Entwicklung.

Das erste Gruppen-Channeling, das meine Partnerin hatte, war zum Beispiel in Flensburg. Und sie hat mich gefragt: »Warum soll ich nach Flensburg gehen? Ich bin Hamburgerin!«

Ich habe gesagt: »Weil es gut ist, da zu beginnen. Weil hier, in diesem Land, in dem ihr seid, in diesem Bereich, sehr viele Lichtpunkte sind, die aktiviert werden müssen.«

Und ihr werdet diejenigen sein, die in die Hände spucken und sagen: »Wir gehen jetzt nach außen. Wir haben hier eine große Aufgabe.« Und ich kann euch nur immer wieder ans Herz legen, diese Lichtpunkte hier im Norden zu aktivieren. Das kann durch viele Begegnungen geschehen.

Meine Partnerin und andere heilende Menschen geben zum Beispiel sehr viele Informationen und Hilfe durch ihre Einzelsitzungen und Gruppenmeditationen an andere Menschen weiter. Zum Beispiel an andere Heiler oder Lehrer, Mütter, Väter, die wiederum andere zur Heilung anleiten können.

Betrachtet das als 1 : 1-Heilung, die hier in diesem Lande ganz wichtig ist, damit sich letztlich und endlich vieles transformieren kann.

Das gilt natürlich auch für andere Länder. Schaut euch einmal um in euren Nachbarländern, wo dort die Sorgen und Probleme liegen. Ich denke auch an östliche Bereiche. Aber auch Italien hat seine eigenen Probleme, oder Spanien. Es sind sehr viele Transformationsprozesse, die dort angedacht, aber noch nicht gelebt sind, mit Ausnahme einiger Gebiete.

Abschließend möchte ich zu diesem Thema noch für die unter euch, die astrologisch interessiert sind, sagen: Deutschland ist ein Widder-Land. Wer sich mit Widder auseinandersetzt, weiß, dass das zum Teil Charaktereigenschaften sind, die – ihr würdet sagen – Stehaufmännchen sind.

Betrachtet einmal die Vergangenheit von diesem Lande, von dieser Struktur. Da sind viele Sachen schon passiert, wo ihr sagt: »Meine Güte, was haben wir alles schon erlebt.« Und ihr seid immer wieder aufgestanden. Denkt einmal an die Zeit nach dem Krieg, an die Zeit nach dem Ersten oder Zweiten Weltkrieg. Es steckt eine sehr starke Energie hier in diesem Lande. Und manchem Nachbarn macht das natürlich auch Angst. Wenn sie da so an den Zweiten Weltkrieg denken und sehen, was mit euch passiert ist, dann sind einige etwas vorsichtig und meinen: »Mm, ob das denn so gut ist?

Die müssen wir scharf beobachten, damit nicht wieder etwas passiert.« Es wird nicht so sein.

Die Strukturen hier in diesem Lande sind sehr lichtvoll und werden aktiviert. Und dieses Widder-Dasein bedeutet auch, etwas in die Hand zu nehmen, das fundiert, das nicht irgendwie leichtlebig und nur so dahingesprochen ist. Ihr seid ja sehr tiefgründig, ihr seid ein gründliches Volk, und ihr werdet einen Fundus setzen für das neue Europa. Eine kräftige Basis, eine Basis für wirkungsvolle Schwingungen.

Begebt euch also in eure Kraft hinein, in eure Energie, in eure Potenziale. Neue Energie bedeutet nicht nur Kontakt nach oben zu haben, sondern auch, alte Potenziale, die man hat, annehmen zu können. Die Potenziale, die ihr vielleicht zu Atlantis-Zeiten oder in anderen Zivilisationen, etwa in Ägypten oder in Lemurien, gelebt und eingesetzt habt zum Wohle der Menschheit. Euer Priestertum, eure alten Werte, eure Kräfte, euer Elan – all dies wird euch wieder zur Verfügung gestellt. Und das ist wichtig, um eine Heilung dieser Erde, dieses Planeten in Gang zu setzen, um euch letztlich und endlich selbst zu heilen.

So, liebe Freunde, das ist es, was ich euch hierzu sagen wollte.

Auszüge aus dem Channeling in Bonn – Bad Godesberg, am 9. November 2003

Ich bin KRYON vom magnetischen Dienst, und ich arbeite hier von Anbeginn der Erde. Mein Auftrag war es, mit vielen Helfern das Magnetgitter der Erde zu installieren, damit unter anderem überhaupt Biologie hier auf der Erde sein kann. Das war meine erste Aufgabe. Ich wurde dann noch zweimal gerufen, um das Magnetfeld zu ändern, was auch eine völlige Umstrukturierung der Erde zur Folge hatte. Der Untergang von Atlantis hatte auch etwas damit zu tun. Es war notwendig, die Energien, die sich dort ausgebreitet haben, und die Entwicklung der Menschheit zu stoppen. Wenige Seelen sind in der dritten Dimension geblieben und haben ihr Wissen mit in andere Gebiete genommen. Vieles wurde im ätherischen Bereich bis heute gehütet. Ihr könnt dieses Wissen als Geheimwissen bezeichnen.

Ich bin in tiefer Liebe und Wahrheit gekommen, aber auch mit viel Humor, denn Humor ist ein wichtiges Attribut, das uns Wesen – wie ihr es ausdrückt – von der anderen Seite ausmacht. Und ich bin gekommen, um euch zu sagen: Seid ein wenig leichter. Nehmt vieles, was passiert, mit ein wenig mehr Leichtigkeit. Es gibt so viele wundervolle Dinge zu erfahren, die euch in die Einheit bringen, und die müssen nicht unbedingt mit Angst angenommen werden, sondern in Leichtigkeit. Öffnet euer Herz, nicht nur für die Liebe, sondern auch für die Leichtigkeit. Es ist gut, das Herz geöffnet zu haben. Lasst viele Dinge einfach in euch hineinfließen. Ganz viel Liebe und Leichtigkeit sollen jetzt hier euer Herz erfüllen.

Ihr Menschen seid oft so ernst. Ich möchte euch bitten: Schaut in euch hinein, geht in eure Kindlichkeit hinein, versucht einmal, Kontakt mit eurem Inneren Kind zu bekommen, und ihr werdet feststellen, dass es wichtig ist, für die meisten von euch, die hier sitzen oder dies lesen, noch mehr wie ein Kind zu sein. In Liebe zu sein und in Leichtigkeit. Fühlt, wie schön es ist, einfach zu *sein*. Das ist meine Botschaft an euch.

Seid euch bewusst, dass es viele Meister gibt, viele Aufgestiegene Meister und andere Diener GOTTES, die um euch herum sind, die mit euch arbeiten und die diesen Weg zum Teil selbst gegangen sind. Aber wisst, dieser Weg in der alten Energie war für sie viel schwerer. Durch die Neue Energie ist es möglich, sehr viel einfacher in die Neue Zeit hineinzugehen. Die, die früher ihre Erleuchtung erlangen wollten, hatten einen schweren Weg, einen sehr schweren Weg. Und die von euch, die schon mit der geistigen Welt verbunden sind, mit ihr kommunizieren, wissen auch, was Jesus, Konfuzius, Maria, Saint Germain oder andere Wesen erzählen, wie schwer es gewesen ist, Erleuchtung zu bekommen.

Nicht alle haben schon auf der Erde gedient. Ich zum Beispiel war noch nie inkarniert. Meine Partnerin fragt mich oft: »KRYON, weißt du, wie Erdbeermarmelade schmeckt?« Nein – sagen wir mal –, ich fühle es. Vielleicht gehört es ja irgendwann zu meinem Dienst, all dies zu erfahren. Vielleicht stelle ich mich irgendwann in der Schlange der Seelen an, die jetzt warten, auf der Erde zu inkarnieren. ☺ (Das war kosmischer Humor.)

In der Neuen Zeit ist es jetzt möglich, leicht hineinzugehen, sich zu transformieren. Es ist ein Geschenk des EINEN. Und es ist leicht möglich, durch die Neue Energie, durch das, was ich und andere anleiten durften, durch die Richtung des Magnetgitters, sich weiterzuentwickeln.

Ich bin 1987 für eine wundervolle Aufgabe erneut hierher gerufen worden. Ich hatte die Ehre, das Magnetgitter der Erde noch einmal richten zu dürfen. Aber diesmal mit einer ganz anderen Prämisse. Ich habe das Magnetgitter der Erde gerichtet, damit die Menschen unter anderem einen Blick hinter den Schleier werfen und in die Neue Zeit hineingehen können. Ich habe das Gitter gerichtet, damit die Christusenergie verstärkt einfließen und eine Herzensöffnung stattfinden kann, damit die Verbindung zum ICH BIN, zum

Höheren Selbst, eine stärkere Präsenz erreichet. Damit das alles überhaupt geschehen kann und die Menschen die Möglichkeit haben, sich wieder mehr mit der göttlichen Einigkeit zu verbinden, war es notwendig, das Magnetgitter der Erde zu richten. Nun ist es an der Zeit, zu erkennen, dass die Erde in eine völlig neue Zeit hineingeht. Ihr nennt es das Goldene Zeitalter.

Es war vorher nicht sicher, ob die Erde daran teilhaben könnte. In vielen Prophezeiungen, zum Beispiel der Maya, einiger Indianerkulturen, von Nostradamus und anderen Sehern, aber auch in der Bibel (Johannes Evangelium) war es nachzulesen, dass die Erde eventuell um 2000 herum dem Untergang geweiht sei. Es war nichts über eure weitere Zukunft in diesen Schriften zu lesen. Es war nur zu lesen, dass die Erde nicht mehr existieren würde (mit Ausnahme bei den Hopi-Indianern, da stand später noch etwas anderes).

Das war korrekt, das kann ich so weitergeben.

Nun ist die Geschichte sozusagen umgeschrieben worden, und ich sage es jetzt ganz einfach: Durch eine kollektive Erleuchtung vieler Seelen im östlichen Bereich dieser Erdkugel, die für diese Inkarnation einen Vertrag geschlossen hatten, erfuhr die Erde eine große Schwingungserhöhung.

Bedenkt das kosmische Prinzip: Wenn ihr, liebe Freunde, euch spirituell weiterentwickelt, eure Schwingung erhöht und – wie ihr es ausdrückt – in die Erleuchtung geht, erhöhen sich die Schwingungen der

Erde und die Schwingungen des Universums. Das ist ein kosmisches Prinzip. Und viele Wesenheiten, die im östlichen Bereich dieser Erdkugel – ich denke, ihr wisst, welche Gebiete ich meine – diese Erleuchtung erlangten, hatten sich das für diese Inkarnation als ihre Aufgabe gewählt. Dass sie es dann wirklich getan haben, war auch ihre eigene Entscheidung, ihr freier Wille.

Alles, was hier auf diesem Planeten durch euch geschieht, ist euer freier Wille. Und ich kann euch deshalb auch nicht genau sagen, wie es jetzt weitergeht. Natürlich gibt es vieles, das ich euch noch erzählen werde. Was mit der Erde passieren wird, wann genau manche Dinge geschehen werden, zum Beispiel der Übergang, den ihr so sehnlich erwartet – all das hängt von eurem Bewusstsein ab, unterstützt durch das neue Gitter, das zurzeit aktiviert wird, das kristalline Gitter.

»Wie bekomme ich die Neue Energie?«, fragt ihr.

Durch die Absichtserklärung. Erbitte die Neue Energie, vielleicht in einem Gebet: »Ich möchte jetzt in die Neue Zeit, in die Neue Energie hineingehen.« Dann wird der »Antrag angenommen und bearbeitet«.

Der Antrag, den du nun abgegeben hast, beinhaltet nach der Bearbeitung durch deine vielen Helfer drei wundervolle göttliche Attribute: Karmafreiheit, Verbindung zu deinem göttlichen Kern, Co-Kreation. (Für die Leser dieses Buches kürze ich es hier ein wenig ab, denn in den kurzen Artikeln ist all das nachzulesen.)

Diese wundervollen göttlichen Gaben sind eine Einzigartigkeit der Neuen Zeit. Danke dem SCHÖPFER, diese Gnade erfahren zu dürfen.

Ich betone immer wieder gern: Nehmt diese Geschenke an. Voller Schmunzeln sehe ich: Viele von euch Menschen geben den Antrag ab, sitzen gemütlich in ihrem Sessel und warten, dass etwas passiert. Mitnichten. Nichts geschieht, wenn du deine neuen Geschenke nicht annimmst und einsetzt. Wir sind hier alle gekommen, um dich zu ermutigen, diese wundervollen Attribute der Neuen Zeit anzunehmen. Co-kreiere jetzt deine Zukunft! Überlege mit deinen Geistführern und deinem Höheren Selbst gemeinsam, wie deine Zukunft aussehen soll. Und gehe dann in die Co-Kreation hinein. Was ist es, was du dir für dein weiteres Leben wünschst?

Bedenke, durch deine Karmafreiheit bist du wie ein Zug auf einem freien Gleis, ohne Ziel und ohne Bahnhof. Wo willst du anhalten? Was soll geschehen? Es ist keiner da, der dir das sagt. Du entscheidest. Und je mehr du deine geistige Verbindung durch Meditation mit deinem Höheren Selbst förderst, desto klarer werden deine Ziele.

Wenn du fühlst, dass sie im Sinne des Universums sind, sprich sie *laut* aus. Kooperiere mit dem Universum. Es wird deinen Auftrag annehmen. Übe dich in Geduld. Manche Co-Kreationen manifestieren sich schnell, manche dauern. So weit seid ihr noch nicht entwickelt, dass ein einfacher Gedanke genügt, um Dinge zu kreieren. Das ist ja euer Ziel – oder?

Die Interaktionen, die karmisch bedingt waren, sind nun vorbei. Ihr kommt zwar mit einem magnetischen Imprint auf die Erde, auch mit einem magnetischen Teil, das mit eurer Geburtsstunde, mit dem, was ihr Astrologie nennt, verbunden ist. Es ist das, was du als Individuum bist. Das ändert sich auch nicht. Aber viele Dinge, die in deinem astrologischen Blatt stehen und – so könnte man sagen – mit karmischen Verflechtungen verbunden waren, sind weg. Das Einzige, was bleibt, sind die Strukturen und die Abhängigkeiten von den verschiedenen Planeten. Übrigens auch von den Planeten, die ihr nicht sehen könnt. Astrologie ist neben Magnetismus eines meiner Lieblingsthemen.

Wann es an der Zeit ist, nach außen zu gehen, aktiv zu sein. Wann es vielleicht sinnvoller ist, nur in die Ruhephasen hineinzugehen – alle diese Dinge sind über die Astrologie zu erfahren, über dein Horoskop.

Wie willst du, dass deine Zukunft aussieht?

Ich bestimme deine Zukunft nicht, und deine Geistführer bestimmen sie auch nicht, sondern du bist das Wesen, das nun in die Co-Kreation hineingehen soll. Co-Kreation bedeutet, für dich selbst Verantwortung zu übernehmen und laut, an das Universum gerichtet, auszusprechen, was in deiner Zukunft mit dir geschehen soll. Bedenke aber: Du kannst nur für dich kreieren, nicht für die anderen.

Also möchte ich dich heute ermutigen, immer mehr in diese Co-Kreation hineinzugehen. Sitze nicht untätig herum und warte darauf, dass etwas mit dir geschieht, oder warte auch nicht darauf, dass KRYON etwas mit dir macht. Ich sage dir nicht: »Tu dies und das.« So wird es nicht geschehen.

Wenn du mich aber um Rat fragst: »KRYON, ich habe die und die Möglichkeit zu handeln. Was empfiehlst du?«, dann könnte ich zum Beispiel sagen: »Ja, das ist vielleicht ganz gut, das vielleicht nicht so gut, und da würde ich etwas vorsichtig sein.« Ich will dann gerne Ratschläge geben – ich oder deine persönlichen Geistführer oder dein Höheres Selbst. Aber den Weg musst du letztlich allein beschreiben, der wird dir nicht abgenommen.

Erhebe dich also von deinem Stuhl und gehe in diese neue Kraft hinein, in das Attribut, das Geschenk der SCHÖPFUNG. Gehe in die Co-Kreation und lass dich animieren von der Freiheit, die du nun hast.

Ihr seid vor langer Zeit ins Vergessen gestürzt worden und könnt euch bis heute vielleicht nicht erinnern, wo ihr schon überall wart. Es ist nun an der Zeit, all das wieder zu erfahren. Du kannst dich jetzt erinnern und erkennen, wer du wirklich bist. Es ist an der Zeit, dass du dein Zepter in die Hand nimmst, denn du bestimmst letztlich und endlich, was passiert. Du bist ein Teil GOTTES, du bist ein SCHÖPFER-Potenzial. Erkenne deine Kraft!

Du hast die Kraft und die Macht, dein Leben selbst zu gestalten. Vieles, was hier auf der Erde passiert – wirtschaftlich, politisch, sozial –, ist Fremdeinwirkung. Fremdeinwirkung von vielen verschiedenen Wesen, Gruppen, Institutionen, die sagen und bestimmen, was die Menschheit denn tun soll. Das, was man mit euch in den Medien macht, in Presse, Film, Funk und Fernsehen – wie ihr das ausdrückt –, ist natürlich zum großen Teil auch eine Fremdbestimmung. Man führt euch zu bestimmten Dingen hin, nimmt euch die Eigenverantwortung ab und erwartet von euch, dass ihr all das macht, was dort geschrieben wird. Wie du als Frau aussehen sollst. Wie du dich als Mann zu verhalten hast. Welche Versicherung notwendig ist. Was du essen sollst. Alle diese Verhaltensmuster, alle diese Dogmen sind jetzt überflüssig. Die Erde begibt sich in eine neue Zeit. Und ich rufe dich noch einmal auf: Gehe du in deine Kraft hinein, in dein Potenzial, und erkenne, wer du wirklich bist! Das ist das Wichtigste. Das ist der Grundstein, damit du dich weiterentwickeln kannst.

Ich sage es noch einmal: Du bist geehrt, weil du hier auf der Erde bist! Du hast vieles bewirkt, und es ist nun an der Zeit, dich nicht mehr beeinflussen zu lassen, sondern die Fremdeinwirkungen abzuschütteln und zu erkennen, wer du bist. Co-kreiere deine Zukunft!

In dem, was ihr die fünfte Dimension nennt, das Ziel, das alle so heiß anstreben – ich sehe glänzende Augen, und ich weiß, die Menschen freuen sich auf die fünfte

Dimension –, wird es so sein, dass nur ein kurzer Schöpfungsprozess nötig ist, um das zu manifestieren, was ihr euch wünscht. Bis dahin ist es aber noch ein bisschen hin und notwendig, zu erkennen, dass ihr bereits jetzt an eurem Schöpferplan teilnehmen könnt. Co-kreiere laut, was du in deiner Zukunft für dich selbst gerne erleben möchtest. Das ist ein wichtiges Attribut, die Co-Kreation, als weiteres die Karma-Freiheit und als drittes die Verbindung zum Höheren Selbst.

Das Höhere Selbst ist der Göttliche Funken in dir, der Funke, den jedes Wesen hat, das hier inkarniert ist, und den natürlich auch jedes Wesen hat, das woanders inkarniert ist – auf den vielen Planeten, die um euch hier herum sind und auf denen natürlich auch Leben ist. Ihr denkt, und auch eure Wissenschaftler denken so, dass da kein Leben ist. Es existiert aber Leben dort, nur spielt es sich in einer anderen Dimension ab. Viele von denen, die um euch herum sind, sind einfach schon weiter in ihrer Entwicklung. Deswegen auch die Bezeichnung Nachzüglerplanet für die Erde, weil viele Wesen, die dort, auf den anderen Planeten, nicht mit in die fünfte Dimension gehen konnten, hier auf der Erde weiter ihre Erfahrungen sammeln.

Die Erde ist eine Zusammenballung vieler, vieler Seelen, die sich hier weiter erfahren, weiterentwickeln, oft inkarnieren, zum ersten Mal inkarnieren. Versteht ihr die Zusammenhänge? Alle Seelen sind geehrt. Es gibt keine nicht geehrte Seele. Ihr kommt alle aus der QUELLE. Wir freuen uns sehr, dass ihr hier auf diesem

Schulungsplaneten so viel Arbeit leistet, denn es ist schwere Arbeit, hier in dieser Dimension zu leben. Ihr lebt in der Dualität, und das ist es, was ihr Gut und Böse, Hell und Dunkel, Männlich und Weiblich nennt. Es gibt natürlich eine andere Ebene, in der alles wieder vereint ist.

Alles ist vom SCHÖPFER, aus der QUELLE – auch das, was ihr dunkel nennt. Eigentlich gibt es keine Dunkelheit, sondern ihr kreiert euch selbst, was ihr als dunkel empfindet.

Ihr seid also hier auf diesem Schulungsplaneten Erde. Viele, die von euch hier inkarniert sind, haben die Erde auch zu Atlantis' und Lemuriens Zeiten erfahren. Dort war der Mensch mit seinem Höheren Selbst eng vereint. Ihr wart sozusagen eins. Ihr wart auch sehr viel transparenter, und ihr habt euch damals zu der Hoch-Zeit von Licht ernährt. Das war eure Nahrung. Später dann, auch durch den Untergang von Atlantis und Lemurien, entfernte sich das Höhere Selbst von euch. Es hatte seinen Platz an einem anderen Ort, zum Teil in dem, was ihr »Bundeslade« nennt. Ihr seid in dieser Zeit ganz in die Materie hineingegangen. Man könnte es auch so ausdrücken: Die QUELLE wollte sich erfahren und wollte wissen, wie es ist, ganz in der Materie zu sein. Der Kontakt zum Höheren Selbst ist verloren gegangen.

Nun ist es an der Zeit, euch wieder, Stück für Stück, mit eurem Höheren Selbst zu vereinigen. Das Ziel ist, wieder eins zu werden, eins zu werden mit der göttlichen Kraft und Energie. Und das ist die Voraussetzung für den weiteren Aufstieg, den Aufstieg der Erde, den Aufstieg der Menschheit.

Die Mutter Erde ist ja ein lebendiges Wesen und hat sehr viele Aspekte. Sie ist bestimmt keine hohle Kugel. Und sehr, sehr viel Kraft wird jetzt freigesetzt – Schöpfer- und Göttinnenkraft und alle diese Dinge –, wird wieder aktiviert.

Damit du, Mensch, all das annehmen kannst, ist es wichtig, zu erkennen, wer du bist, um dich letztlich und endlich wieder mit deinem göttlichen Funken zu vereinigen. Erkenne dich, erkenne deine Schöpferkraft, übernimm Eigenverantwortung!

Du bist auf dem Weg in die Meisterschaft, in das, was ihr die fünfte Dimension nennt. Der Aufstieg naht. Nehmt eure Göttlichkeit an. Vertraut auf das, was wir euch heute hier mit auf den Weg geben.

Vertraue du dir, lieber Mensch, selbst. Es ist nicht mehr notwendig, Gruppen, Seminare etc. zu besuchen, die deine Weiterentwicklung versprechen. Das nimmst du selbst in die Hand. Treffen mit anderen Menschen können fruchtbar sein, aber die Wahrheit und Weiterentwicklung liegen in dir, in deinem Selbst. Erkenne dich. Die Neue Energie, so wie wir es beschreiben, die Christusenergie, hat etwas mit der Herzensenergie zu tun. Du erinnerst dich? Im göttlichen Bereich ist letztlich und endlich nur Liebe.

Deine Entwicklung bedeutet, die Liebe in dich hineinzulassen, dich aus der Dualität, die auf diesem Planeten dein Leben bestimmt, zu verlassen. Dein Herz, deine Liebesenergie sind der Weg zum Ziel. Das, was wir als die Neue Energie beschreiben, ist das Gefährt für den weiteren Weg, zu der Vereinigung mit deinem Lichtkörper, zu Veränderung und Aktivierung deiner DNS, für die verschiedenen Stufen des Lichtkörperprozesses.

Fürchte dich nicht. Sei in Liebe und vertraue dir, der du aus der QUELLE kommst!

Zwei Übungen für deine Weiterentwicklung

Übung 1

Eine Übung und Möglichkeit, alte Muster, alte Erlebnisse zu verändern.

Stell dir einfach vor, es gibt viele Dinge, viele Erlebnisse, Geschehnisse in deinem Leben und dem Leben deiner Vorfahren, deiner Familie, die sich auswirken auf Verhaltensweisen deinerseits oder denen anderer in deinem engen Kreis. Sie verursachen oft auch Blockaden.

Möchtest du diese Dinge, diese Erlebnisse, ändern, sozusagen die Geschichte umschreiben, damit – energetisch betrachtet – eine Reinigung vonstattengeht?

Stell dir einfach vor, du veränderst die stark beeinflussenden Muster, alte Geschehnisse, die federführend waren für Entscheidungen und Entwicklungen in deinem oder anderer Leben.

Hier ist eine Übung, die dir bestimmt Freude macht. Erkenne die Wirkungsweise. Das, was du jetzt tust, ähnelt der Arbeit der Wesenheiten, die gerade das kristalline Gitter bearbeiten.

Die Übung

Gehe in dich hinein, gehe in die Tiefe. Stell dir vor, du bist auf einer Wiese, auf einer lichten hellen Wiese. Du stehst dort ganz allein und konzentrierst dich ganz auf dich. Dann gehst du noch tiefer in dich hinein und forscht einmal nach, welches Ereignis in deinem Leben es ist, das tief greifende Dinge bewirkte. Vielleicht ist es ein Streit, eine missverstandene Begegnung etc. Mit welchem Menschen möchtest du dich aussöhnen, beziehungsweise eine Begegnung verändern?

Es wird eine Begebenheit in dir aufsteigen, die du tief in dir trägst, die wichtig für dich war. Schau dir diese Begegnung und alle Beteiligten in Ruhe an.

Stell dir vor, du bist in der JETZT-ZEIT. Bitte diese Person im Geiste, dich zu besuchen. Sie wird erscheinen.

Dann gehe in diese Problemsituation hinein oder in das, was dort in deinen Augen nicht gut gelaufen ist. Spiele es noch einmal durch. Und spiele es so durch, dass alle Missverständnisse aus der Welt sind. Begegnet euch so, dass eure Begegnung einen liebevollen und/oder klärenden Ausgang hat. Dann bedanke dich und entlasse diesen Menschen wieder in die Vergangenheit.

Bitte dann Erzengel Michael, der viele alte Muster zurzeit durchtrennt, diese Trennung der Muster mit einem

Schwerthieb zu unterstützen. Bedanke dich bei allen Be-
teiligten und verstehe: Das Muster ist entlassen.
  Das war eine Änderung deiner Geschichte.

Erwarte nicht unbedingt, dass der andere auch spürt,
dass etwas geschehen ist. Es kann sein, dass eine Veränderung in seinem äußeren Verhalten da sein wird,
es kann aber auch nicht sein. Im geistigen, im ener-
getischen Bereich jedenfalls hat eine Umschreibung
stattgefunden.

Es ist eine Veränderung deiner Geschichte. Und eine
Veränderung der Erdgeschichte. Denn ihr seid alle
eng miteinander verbunden. Erkenne die Zusammenhänge.

Übung 2

Erzengel Michael hat zurzeit große Aufgaben.
  Hier noch eine kleinere Übung mit großer Wirk-
samkeit.

Kannst du dir vorstellen, dass viele Menschen heute in
dieser Zeit noch mit alten Schwüren und Eiden belastet sind?

Vielleicht hast du in einem deiner vergangenen Leben
einem Menschen, einer Institution, einer Gruppe ewige
Treue und Verbundenheit geschworen. Vielleicht hast

du einen Eid geleistet, für immer mit diesem Wesen, dieser Sache verbunden und ihm/ihr dienlich zu sein.

Die Übung

Gehe wieder auf diese Wiese, sei ganz bei dir, schaue tief in dich hinein und bitte darum, dass Erzengel Michael dir eine Begebenheit zeigt, die dich noch bindet.

Vielleicht siehst du Bilder, vielleicht spürst du diese Situation.

Wenn es dir noch nicht möglich ist, Bilder zu sehen, vertraue einfach deiner geistigen Führung. Sie wird das tun, was richtig für dich ist.

Bitte nun Erzengel Michael, dich von diesen alten Schwüren und Eiden zu befreien. Beobachte oder fühle das Wirken dieses Schwertes, das Kraft und Loslösung mit sich bringt.

Du wirst sehen und spüren, wie Michael an dir arbeitet und dich befreit von diesen alten Eiden und Schwüren. Es ist wichtig für deine weitere Entwicklung, zu erkennen, wie diese Lernzeit auf Erden funktioniert.

Du bist nun befreit von dieser alten Last.

Bedanke dich bei Michael und gehe zurück in die irdische Welt.

Meditation zum persönlichen Geistführer

Diese Kurz-Meditation begleitet dich zu deinem persönlichen Geistführer.

Du weißt, in der Neuen Zeit ist es leichter, Kontakt zur geistigen Welt aufzunehmen.

Das Magnetgitter ist gerichtet, der Schleier ist gelüftet.

Das, was früher in alten Zeiten nur Auserwählten möglich war – und auch oft nur durch tiefe lange Meditationen –, ist nun allen weit entwickelten Seelen relativ leicht möglich: Der Kontakt zur geistigen Welt.

Sprich einfach die Absicht aus, dass es dein Wunsch ist, Kontakt aufzunehmen zu deinem persönlichen Geistführer. Es wird geschehen.

Diese Meditation kannst du dir einprägen oder selbst auf einen Tonträger sprechen (lassen).

Es ist eine klare, einfache Meditation.

Dein Geistführer ist dir so nahe wie nie zuvor. Vertraue.

Das geistige Hören ist anders als das irdische.

Du hörst keine lauten Stimmen; Gedankenströme werden dir eingegeben oder du fühlst vielleicht eine Botschaft.

Geistiges Schauen unterscheidet sich durch das irdische Auge durch zum Teil farbenprächtige, schwarzweiße, schemenhafte oder erahnende Bilder. Vielleicht fühlst du auch eine Botschaft – du weißt auf einmal, was für dich bestimmt ist, was dich anspricht.

Der im Westen erzogene Mensch hat oft einen Mangel an Vertrauen, was geistige Kontakte anbelangt.

Bedenke: Du bestimmst in der heutigen Zeit, was mit dir geschieht.

Übernimm du die persönliche Verantwortung für dein Leben.

Vertraue deiner geistigen Führung!

Sprich die Absicht aus, mit der geistigen Welt verbunden zu sein. Es wird geschehen.

Ich bin KRYON

Meditation

Stell dir vor, du bist auf einer wundervollen grünen Wiese. Auf einer Wiese wie zu Atlantis-Zeiten, wo Mensch und Natur eng vereint waren. Du hast deine Schuhe ausgezogen, deine Socken, und du gehst barfuß über diese wunderbare Wiese.

Schau dich einmal um auf dieser Wiese. Oder fühle. Fühle einmal, wo du bist und wie es dort aussieht. Vielleicht siehst und fühlst du bunte Blumen? Prächtige Blumen in wundervollen Farben? Vielleicht siehst, fühlst oder hörst du einen kleinen Bach dort plätschern? Vielleicht sind Insekten da? Vielleicht sind es Bienen, die sich an den Blüten tummeln? Vielleicht sind es auch kleine Hasen, die einherhoppeln auf dieser Wiese? Vielleicht sind es große Bäume, die kraftvoll dastehen? Vielleicht siehst du auch kleine Elfen und Feen. Auf dieser Wiese ist alles möglich.

Lass dich einfach gefangen nehmen von der wunderbaren Atmosphäre. Und wenn du keine Bilder siehst, fühlst du vielleicht, dass dir dort etwas anderes begegnet. Es ist eine zauberhafte Stimmung auf dieser Wiese. Und du gehst weiter.

Auf einmal merkst du, wie eine ganz besondere Energie in dich hineinfließt. Es ist eine Energie, ein Geschenk der Mutter Erde an dich, eine Liebesenergie, die jetzt in deine Fußsohlen hineinfließt. In die Fußsohlen, hinein in deine Beine, in deine Oberschenkel, in deinen Bauch, in deine Brust, in Kopf und Arme. Eine Liebesenergie der Mutter Erde, ein Geschenk an dich.

Du gehst jetzt weiter über diese Wiese. Du bist gestärkt, du fühlst dich wohl, liebe Freundin, lieber Freund. Du gehst weiter und kommst an eine Bank. Da nimmst du Platz. Und dann schaust du und fühlst du mit deinem inneren Auge nach vorne.

Pause.

Es kommt eine Lichtgestalt auf dich zu. Sie ist ganz in Weiß gehüllt. Und diese Lichtgestalt, die jetzt auf dich zukommt, ist dein persönlicher Geistführer. Vielleicht siehst du sie, vielleicht kannst du sie fühlen, vielleicht siehst du auch nur ein Licht vor deinem inneren Auge.

Dein inneres Auge, liebe Freundin, lieber Freund, ist nicht auf deinen Augenlidern, sondern es liegt viel tiefer. Vielleicht ist es auch so, dass du mit deinem inneren Auge nur fühlst, denn das innere Auge ist anders als das äußere. Vielleicht fühlst du diese Gestalt. Lass dich auf alles ein, was da geschieht, und sei ganz entspannt in deinem Herzen.

Du erhebst dich von deiner Bank und gehst diesem Wesen entgegen.

Jetzt fühle einmal in dein Herz hinein und öffne dein Herz. Öffne dein Herz ganz weit. Stelle dir einfach vor, wie sich dein Herz nun ganz weit öffnet. Mit diesem geöffneten Herzen gehst du auf dieses wundervolle Lichtwesen zu. Dieses Wesen ist in tiefer Liebe zu dir. Es ist dein persönlicher Führer in dieser Inkarnation.

Bei einigen von euch, die schon in der Neuen Energie sind, werden es jetzt neue Geistführer sein, angemessen für die Neue Zeit. Das Wesen, das auf dich zukommt, ist in tiefer Liebe zu dir und möchte dich jetzt begrüßen und umarmen, und es möchte dir sagen: »Ich bin bei dir. Ich bin immer bei dir. Ich führe dich. Ich bin in tiefer Liebe zu dir. Und ich möchte jetzt Kontakt aufnehmen zu dir.«

Einige von euch haben vielleicht schon Kontakt zu ihren persönlichen Geistführern; und ich denke, einige von euch haben diesen Kontakt noch nicht. Jetzt fühle einfach in dich hinein!

Pause.

Du stehst jetzt vor deinem persönlichen Geistführer. Er steht jetzt vor dir, und er möchte dich umarmen. Lass es einfach zu. Vielleicht siehst du, wie er dich umarmt. Vielleicht fühlst du es ganz intensiv. Vielleicht spürst du einfach nur, dass eine große Liebe dich umfängt, eine tiefe Liebe.

Pause.

Halte dein Herz ganz weit geöffnet für den heutigen Tag, für das, was jetzt passiert. Dein Geistführer wird die ganze Zeit da sein, wird dich begleiten in diesen Stunden, wird bei dir sein. Genieße es. Nimm alles auf, was heute passiert, gemeinsam mit deinem Geistführer. Lass ihn einfach bei dir sein, lass ihn in dein Herz hinein!

Und jetzt fühle noch einmal tief, wie es sich anfühlt, diese Energie deines persönlichen Führers. Geh tief in dieses Gefühl hinein.

Pause.

Und nun versuche, direkten Kontakt aufzunehmen, erbitte eine Botschaft von deinem persönlichen Geistführer. Horche hinein.

Vertraue dem, was zu dir kommt.

Es ist keine laute Stimme, die zu dir spricht. Gedankenströme kommen in dich hinein. Vielleicht hast du ein Gefühl, was dein Geistführer dir sagen will.

Suche diesen Ort der Liebe so oft es dir möglich ist auf. Hier findest du Kraft, Liebe und einen kleinen Schubs in deine neue geistige Entwicklung. Dein Geistführer weiß, was gut für dich ist. Vertraue!

Über die Autorin

**Barbara Bessen** (Jahrgang 1949) lebt auf dem Lande im hohen Norden, in der Nähe von Eckernförde und in Hamburg. Sie ist Mutter eines Sohnes und von Beruf Journalistin. Nach fünfundzwanzig Jahren journalistischer Tätigkeit in Hamburg und München war sie zuletzt freiberuflich tätig und hat sich dabei mit vielen spirituellen Themenbereichen beschäftigt.

Seit September 2002 channelt sie im deutschsprachigen Raum die Erzengelwesenheit KRYON. Sie hat mit Einzelchannelings und kleinen Gruppen begonnen, und ist nun in ganz Europa unterwegs, um die wichtigen Botschaften von KRYON zu überbringen.

Sie sagt: »Ich freue mich von Herzen über diese verantwortungsvolle Aufgabe. Ich möchte jetzt meinen Vertrag erfüllen und KRYON die Möglichkeit schaffen, noch mehr Seelen in Deutschland mit seinen Botschaften zu erreichen.«

Inspiration und neue Kraft tankt sie mit langen Spaziergängen an der nahegelegenen Ostsee oder an der Elbe.

Nähere Informationen und Termine finden Sie im Internet unter:

www.kryon-deutschland.com

oder können Sie erfragen im KRYON-Büro unter der Telefonnummer 040/79 30 62 39.

Bücher für die Neue Zeit

Smaragd

Verlag für

spirituelles BewusstSein

Bücher mit dem
Herzen zu machen -
das liegt uns am Herzen

Smaragd Verlag e.K.
Mara Ordemann
Tel. (02684) 9 78 48 - 10
Fax (02684) 9 78 48 - 20
info@smaragd-verlag.de
www.smaragd-verlag.de